Contraste insuffisant

NF Z 43-120-14

LEMERCIER DE NEUVILLE

CONTES ET COMÉDIES

DE LA JEUNESSE

Illustrations de B. de MONVEL, P. KAUFFMANN, J. GEOFFROY, POIRSON, etc.

PARIS

LIBRAIRIE CH. DELAGRAVE

15, RUE SOUFFLOT, 15

CONTES ET COMÉDIES

DE LA JEUNESSE

SOCIÉTÉ ANONYME D'IMPRIMERIE DE VILLEFRANCHE-DE-ROUERGUE
Jules BARDOUX, Directeur.

LEMERCIER DE NEUVILLE

CONTES ET COMÉDIES
DE LA JEUNESSE

Illustrations de B. de MONVEL, P. KAUFFMANN, J. GEOFFROY, POIRSON, etc.

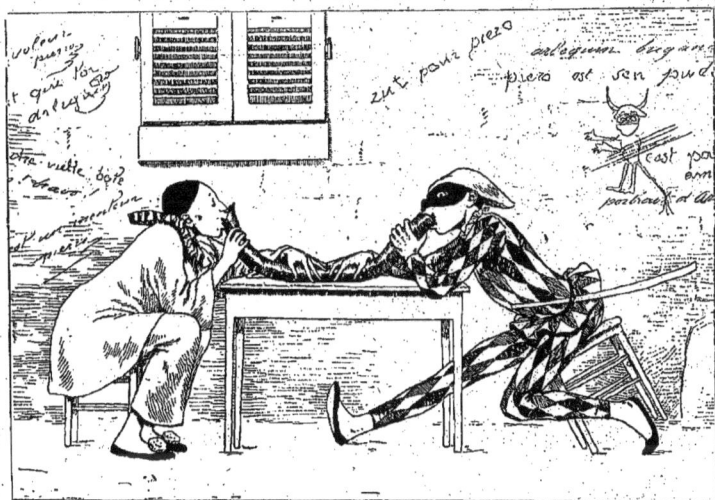

PARIS
LIBRAIRIE CH. DELAGRAVE
15, RUE SOUFFLOT, 15

1890

LES
TROIS GENDARMES

PERSONNAGES

ROBERT MACAIRE.
BERTRAND. — Habillé en gendarme.
PANDORE. — Gendarme.

Une rue. — A droite, une boutique de bric-à-brac. — A gauche, un riche hôtel.

LES
TROIS GENDARMES

A MONSIEUR ROGER DELAGRAVE

SCÈNE PREMIÈRE

ROBERT MACAIRE,
puis BERTRAND

ROBERT MACAIRE.

Voyons, Bertrand, as-tu fini de t'habiller? Le temps passe, et nous allons manquer cette superbe affaire.

BERTRAND, dans la coulisse.

Je mets mes bottes! Dans un instant je suis à toi.

ROBERT MACAIRE.

Dépêche-toi ! — Ah ! dût ma modestie en souffrir beaucoup, je dois avouer que j'ai des conceptions merveilleuses ! Si le gouvernement, qui n'est jamais ce qu'il doit être, me connaissait, il me nommerait ministre... ministre de la filouterie ! Mais il ne me connaît pas !

BERTRAND, dans la coulisse.

Il ne te connaît pas ! (Entrant.) Et toi, me reconnais-tu ?

ROBERT MACAIRE.

Superbe ! tu es superbe, Bertrand ! Laisse-moi te regarder, retourne-toi. Là... bien ! Quel beau gendarme tu fais !

BERTRAND, flatté.

Tu trouves ? N'est-ce pas, l'uniforme me va bien ?

ROBERT MACAIRE.

Tu as l'air d'un général !

BERTRAND.

Général c'est beaucoup dire, mais tout au moins d'un colonel !

ROBERT MACAIRE.

Soit ! je t'accorde colonel !

BERTRAND.

Maintenant tu vas m'expliquer, je pense, pourquoi tu m'as fait revêtir ce costume de gendarme chez le père La Guenille, notre excellent receleur.

ROBERT MACAIRE.

Mon cher colonel ! — es-tu content, je te donne ton titre ? — mon cher colonel, tu es un imbécile ! — du reste, comme tous les gendarmes ! Tu n'as donc pas compris qu'en t'habillant en gendarme, attaché à ma personne, je me subtilisais aux poursuites des autres membres de la gendarmerie ! Jamais on n'arrêtera un voyageur accompagné d'un gendarme !

BERTRAND.

Pourquoi ?

ROBERT MACAIRE.

Parce qu'on le croira déjà arrêté !

BERTRAND.

C'est très profond!

ROBERT MACAIRE.

Quant à toi, ton costume te rend inviolable. Vois-tu, Bertrand, il
a beaucoup de gendarmes.

« Superbe! tu es superbe, Bertrand! »

BERTRAND.

Pas tant que de voleurs!

ROBERT MACAIRE.

Non! mais si tous les voleurs s'habillaient en gendarmes...

BERTRAND.

Il n'y aurait plus de voleurs, il n'y aurait que des gendarmes!

ROBERT MACAIRE.

Parfaitement compris! Or, comme les voleurs n'ont pas encore

songé à se réfugier dans les bottes de la gendarmerie, tu peux être
certain qu'on n'ira pas t'y chercher.

BERTRAND.

C'est juste ! Pourtant il y a une chose qui m'inquiète : je ne sais
pas monter à cheval.

ROBERT MACAIRE.

C'est parfaitement inutile, les gendarmes à cheval vont toujours à
pied. Maintenant, écoute-moi bien. Tu vois cette maison ?... (Il désigne
la maison de droite.)

BERTRAND.

Ce vieil hôtel ?

ROBERT MACAIRE.

Oui ! C'est là que je vais opérer. C'est ici que loge le vieux baron de Gratteliard, un riche avare. Ayant appris par les feuilles pu-
bliques qu'il avait mis son hôtel en vente, je vais me présenter pour
le visiter. S'il est là, je trouverai bien le moyen, en parcourant les
appartements, de faire une petite rafle intelligente ; s'il est absent, je
serai bien plus à l'aise. Toi, pendant que j'opérerai, tu te tiendras à
cette place et tu empêcheras tout le monde de pénétrer dans la maison.

BERTRAND.

Compris !

ROBERT MACAIRE.

Je connais ta finesse... les prétextes ne te manqueront pas. Attention !... je commence l'opération. (Il entre dans la maison de droite.)

SCÈNE II

BERTRAND, seul.

Quel grand homme que ce Robert Macaire ! Personne n'est ingénieux comme lui ! Quelle activité ! quelle puissance de conception !
Hélas ! je suis bien peu de chose auprès de lui. Mais je n'ai pas reçu

sa brillante éducation. A huit ans je gardais les dindons dans les pâtu-
rages du Nivernais ; à douze ans j'ai quitté les dindons pour les oies,
et à quinze les oies pour les vaches. J'ai beaucoup gardé dans ma vie,
mais j'ai bien peu conservé !

Air de *Joseph*.

A peine au sortir de l'enfance,
Je fus un pasteur d'animaux,
Et j'ai gardé mon innocence
Tant que j'ai gardé les troupeaux !
Sitôt que j'eus quitté mes bêtes
Les humains noircirent mon cœur :
Les unes me rendaient honnête,
Les autres m'ont rendu voleur !

Ah ! mais je m'attendris ! je m'attendris ! C'est stupide ! Heureusement que cela ne m'arrive pas souvent ! Ciel ! un gendarme ! Je suis
pincé ! Mais non, imbécile ! puisque je suis gendarme comme lui !

SCÈNE III

BERTRAND, PANDORE

PANDORE.

Tiens ! un gendarme ! Bonjour, camarade.

BERTRAND, d'un air embarrassé.

Bonjour ! bonjour, mon cher camarade.

PANDORE.

Comment vous portez-vous ?

BERTRAND.

Pas mal, et vous, gendarme ?

PANDORE.

Mais ça va-t-assez bien ! Vous n'êtes pas de notre brigade... je le
vois.

BERTRAND.

Mais non, pour le moment. Je voyage, je viens de très loin...
oh! de très loin... de plus loin encore que cela... des bords de
la mer!

PANDORE.

De Toulon, peut-être?

BERTRAND, effrayé.

Hein? (Se remettant.) Non! j'y suis allé, il y a bien longtemps.

PANDORE.

C'est drôle! je ne vous y ai pas vu! Mais si vous êtes allé à Toulon,
vous avez dû connaître Frémy subséquemment?

BERTRAND.

Frémy! Frémy! Attendez donc... Frémy! C'est peut-être Bernard
que vous voulez dire : — un rouge?

PANDORE.

Non, il était noir... fugitivement!

BERTRAND.

C'est ça! un petit, gros...

PANDORE.

Non, il était grand, maigre... latéralement.

BERTRAND.

C'est ça! je l'ai connu; mais nous l'appelions Bernard.

PANDORE.

Nous, nous l'appelions Frémy.

BERTRAND.

Chacun son goût!

PANDORE.

C'est ostensiblement évident! Et qu'est-ce qu'il est devenu?

BERTRAND.

Qui ça? Bernard?

PANDORE.

Non! c'est-à-dire oui, Frémy, que vous appeliez Bernard à Toulon!

BERTRAND, à part.

Encore Toulon ! Je n'aime pas beaucoup à parler de ces villes où il
a des bagnes, — on a pu y faire des connaissances...

PANDORE.

Eh bien ! répondez donc, camarade ! Où est-il maintenant, Frémy ?

BERTRAND.

Bernard ?

PANDORE.

C'est la même chose consécutivement !

BERTRAND, à part.

Où diable vais-je l'envoyer ? C'est égal, répondons toujours.

PANDORE.

Vous dites ?

BERTRAND.

A Bourg, Bourg-en-Bresse !

PANDORE, vivement.

A Brest !

BERTRAND, faisant un soubresaut.

Hein ? Que dites-vous ?

PANDORE.

Qu'est-ce qu'il y a ?

BERTRAND.

Il n'y a personne !

PANDORE.

Vous vous êtes retourné circulairement ?

BERTRAND.

Vous croyez, gendarme ?

PANDORE.

J'en suis sûr !

BERTRAND.

C'est bien possible ! Vous savez, on a quelquefois des mouvements
dont on ne se rend pas compte. Ainsi, par exemple, quand on
éternue... (Il éternue.) Atchi !...

PANDORE.

Dieu vous bénisse !

BERTRAND.

Merci ! Quand on éternue comme cela.... (Il éternue.) Atchi !

PANDORE.

Dieu vous bénisse !

BERTRAND.

Non ! je n'éternue pas.

PANDORE.

Mais si, j'ai bien entendu.

BERTRAND.

Oui, mais c'est pour vous montrer...

PANDORE.

Je sais éternuer comme vous.

BERTRAND.

Je ne dis pas le contraire.

PANDORE.

Mais moi j'éternue en dedans ; je fais : (Il éternue.) Pscheutt !

BERTRAND.

Et moi : Atchi !

PANDORE.

Moi : Pscheutt !

BERTRAND, à part.

Il est stupide, le gendarme ! (Haut.) Vous faites comme vous voulez, c'est votre affaire ; mais au lieu d'éternuer pendant deux heures nous ferions mieux de prendre...

PANDORE.

Qui ça ? Un voleur ?

BERTRAND, à part.

Il faut l'éloigner à toute force. (Haut.) Non ! un verre de vin ; je connais un petit cabaret où il est excellent, et là je vous expliquerai ce que je veux vous dire.

PANDORE.

A votre aise, camarade ! mais chacun sa tournée !

BERTRAND.

C'est entendu ! (A part.) J'espère bien qu'il payera les deux !

« Passez donc le premier. »

PANDORE.

Passez donc le premier.

BERTRAND.

Je n'en ferai rien.

PANDORE.

Je vous en prie !

BERTRAND, sortant à reculons.

Alors, c'est par obéissance !

(Pandore sort après Bertrand.)

2

SCÈNE IV

ROBERT MACAIRE, sortant de la maison de droite.

Voilà qui est étrange ! Il vient de m'arriver une aventure des plus merveilleuses... J'étais entré, sans frapper, ma foi, dans cet hôtel, comptant bien trouver la maison déserte : il n'en était rien. A peine arrivé au bout du corridor, une servante me crie : « Venez donc, Monsieur, on vous attend ! — On m'attend, mon enfant ? — Oui, Monsieur, on allait se mettre à table sans vous. — Il serait vrai ! » J'avoue que j'eusse préféré qu'on ne m'attendît pas, mais il était trop tard pour reculer ; je fis donc contre fortune bon cœur, et je dis : « Montrez-moi donc le chemin, je vous suis ! » Nous montâmes au premier étage, et là elle m'introduisit dans une salle à manger au milieu de laquelle se trouvait une table richement servie. A mon entrée, tout le monde se leva. Il y avait là M. le baron de Gratteliard, qui me présenta à la baronne, puis à sa fille Lodoïska, puis au notaire. J'étais intimidé, mais je n'en fis rien paraître. Alors le baron me dit : « Noble étranger... » — Je saluai. « Noble étranger, avant de prendre ce repas je désire finir l'affaire tout de suite. Apposez votre signature sur ces actes, et la maison est à vous. » Je n'hésitai pas et je patarafai toutes les paperasses qu'on me mit devant les yeux. « Vous ne lisez pas les actes ? me dit le baron. — C'est inutile ! répondis-je ; j'ai confiance. » Nous nous partageâmes les papiers et nous nous mîmes à table. Le déjeuner fut excellent !

Air : *Les anguilles, les jeunes filles.*

La baronne était fort aimable,
Elle me soignait de son mieux ;
Tout me paraissait délectable,
Les mets exquis et les vins vieux !

Le baron même et le notaire
Me tutoyèrent au dessert.
Non, jamais un propriétaire
N'eut d'immeuble coûtant moins cher.

Après le café, je pris congé de l'assistance et pris en même temps
~ute l'argenterie qui se trouva sur mon chemin, et me voici! Mais il
~e s'agit pas de plaisanter maintenant, ces gens vont peut-être s'aper-
~evoir de leur méprise et de mon... indélicatesse. Vite, allons mettre
~on argenterie à l'abri et changeons de vêtement. (Il entre à gauche.)

SCÈNE V

BERTRAND, PANDORE, un peu gris.

BERTRAND.
Vous disiez donc, mon cher Pandore...

PANDORE.
Je disais, mon cher camarade, que je suis bien heureux de t'avoir
~ncontré superlativement. C'est vrai que tu n'es pas beau, mais tu es
drôle que l'on ne peut pas s'ennuyer avec toi. Si tu veux, nous ne
~ous quitterons plus.

BERTRAND, à part.
Il ne manquerait plus que cela!

PANDORE.
Vois-tu, — je te tutoie parce que je t'aime, comparativement, —
~ois-tu, nous allons rester ensemble. D'abord; tu m'aideras à pincer
~ux fameux malfaiteurs qui me sont signalés.

BERTRAND, inquiet.
Ah! deux malfaiteurs ont été signalés?

PANDORE.
Oui; l'un s'appelle Robert Macaire, et l'autre Bertrand. (Bertrand
~loigne.) Écoute donc jusqu'au bout. Il paraît qu'ils sont habiles et

qu'on ne les prend pas facilement ; mais moi je suis malin et j'ai pris toutes mes précautions pour qu'ils ne m'échappent pas.

BERTRAND.

Conte-moi donc cela !

PANDORE.

D'abord j'ai leur signalement. L'un a un parapluie et l'autre une tabatière.

BERTRAND.

Mais tout le monde a ces objets-là.

PANDORE.

Oui ; mais vois comme je suis fort : quand il ne pleut pas, on ne porte pas de parapluie ; or, Bertrand ne quitte jamais le sien. Pour Robert Macaire, il a une tabatière qui craque en se fermant.

BERTRAND, voulant s'en aller.

Oh ! alors...

PANDORE, le retenant.

Attends donc ! Je sais en outre qu'ils doivent faire un coup, ce matin, à cet endroit même.

BERTRAND.

Ici ?

PANDORE.

Sur cette place... dans une de ces deux maisons. (Il désigne l'hôtel et la maison du brocanteur.) Seulement, je ne sais pas laquelle. Mais en me tenant entre les deux je ne les manquerai pas !

BERTRAND, à part.

Saperlotte ! Et Robert qui est chez le baron de Gratteliard ! Comment faire ? Oh ! une idée !

PANDORE.

Que dis-tu ?

BERTRAND.

Je dis que tu es très fort. Mais je suis plus fort que toi.

PANDORE.

Comment cela, nominativement ?

BERTRAND.

Eh bien ! je sais la maison dans laquelle se trouvent le fameux
Robert Macaire et son complice.

PANDORE.

Il serait vrai !

« Sur cette place... dans une de ces deux maisons. »

BERTRAND, montrant la maison de gauche.

C'est là !

PANDORE.

Allons-y !

BERTRAND.

Parfait ! (A part.) Pourvu que Robert sorte pendant que nous serons
dedans !

PANDORE.

Nous le tenons, cette fois ! Va frapper à la porte, moi je ne perds pas de vue la maison.

BERTRAND.

C'est cela. (Il va frapper à la porte.)

SCÈNE VI

LES MÊMES ; ROBERT MACAIRE, en gendarme.

ROBERT MACAIRE.

Eh bien ! que me veut-on ?

BERTRAND, bas.

Toi ! Robert... en gendarme !

ROBERT MACAIRE, bas.

Chut !

PANDORE.

Comment ! encore un gendarme que je ne connais pas ! Ah çà ! mais il y a donc une revue ?

ROBERT MACAIRE.

Je vois que vous n'êtes pas au courant.

PANDORE.

Pardon ! mais je suis tellement au courant que...

ROBERT MACAIRE.

Plus un mot ! Je vous comprends. Vous êtes un homme, vous !

PANDORE.

Mais, fabuleusement, je crois que...

ROBERT MACAIRE.

Assez ! reprenez votre gaieté ordinaire afin que nous puissions conserver la nôtre.

PANDORE.

Comment ! vous êtes gais ?

BERTRAND.

Si nous sommes gais !...

ROBERT MACAIRE.

Comme des pinsons, ou comme des gendarmes !

PANDORE.

Comme des gendarmes !

ROBERT MACAIRE.

Eh ! sans doute !...

Air : *Larifla fla fla.*

I

Dans la gendarmerie,
Quand un gendarme rit,
Tous les gendarmes rient,
Dans la gendarmerie !
      Larifla fla fla. (*6 fois.*)

II

PANDORE.

Mais lorsqu'un malfaiteur
A mal fait, il est heur-
Eux qu'il soit écarté
De la société.
      Larifla fla fla. (*6 fois.*)

III

BERTRAND.

Quand un petit lapin
Grignote un peu de pain,
S'il le voit un rapin
Peint le petit lapin.
      Larifla fla fla. (*6 fois.*)

PANDORE.

C'est très espirituel ce que vous venez de dire ; mais qu'est-ce que cela veut dire ?

ROBERT MACAIRE.

Cela veut dire que les gendarmes sont des gens *espirituels*, comme vous dites, et qu'ils pourraient à volonté chansonner comme cela la nature entière.

BERTRAND.

Ainsi, moi, je sais un couplet sur les douaniers.

ROBERT MACAIRE.

Dis-le, pour voir.

BERTRAND.

IV

Quand un douanier doit nier,
Dans le corps des douaniers,
Chaque douanier doit nier
Dans le corps des douaniers.

Larifla fla fla. (*6 fois.*)

ROBERT MACAIRE.

C'est l'esprit de corps! Les sapeurs font la même chose.

V

Quand un sapeur a peur,
Dans le corps des sapeurs,
Tous les sapeurs ont peur,
Dans le corps des sapeurs.

Larifla fla fla. (*6 fois.*)

Mais vous ne dites rien! Qu'avez-vous?

BERTRAND.

Oui, qu'as-tu, mon aimable convive?

PANDORE.

J'ai... j'ai peut-être un peu trop bu d'abord; ensuite j'ai l'idée que vous n'êtes pas de vrais gendarmes.

ROBERT MACAIRE.

J'ai aussi cette idée, moi! et en voyant ton peu d'entrain, je soupçonne fort que tu n'es pas des nôtres.

BERTRAND.

Comment, tu m'aurais trompé! Tu es peut-être un des malfaiteurs
que nous cherchons!

« Maintenant, filous. »

ROBERT MACAIRE.

Eh! sans doute, c'est lui!

PANDORE.

Comment! c'est moi? A quoi le voyez-vous?

ROBERT MACAIRE.

Tu viens de te trahir! tu demandes des explications! Tu te défends!
Un homme qui se défend est coupable!

BERTRAND.

C'est juste! enlevons-le!

ROBERT MACAIRE.

Enlevons le faux gendarme !

(Ils se saisissent de Pandore et le portent chez le receleur, dans la maison de gauche.)

BERTRAND, rentrant en scène.

Il est ficelé. Il ne peut plus bouger !

ROBERT MACAIRE.

Très bien ! Maintenant, filons... il n'est que temps !

(Ils sortent.)

SCÈNE VII

PANDORE, sortant de la maison du receleur.

Ficelé ! Pas tant que cela ! Les gendarmes sont plus malins qu'on ne pense ! Je vais repincer mes gaillards et leur prouver qu'on ne se moque pas ainsi de la gendarmerie. Et, d'ailleurs, voici la morale de ceci :

VI

Dans la filouterie,
Les filous fil'nt toujours ;
Mais, en gendarmerie,
Les gendarmes rient toujours !

Larifla fla fla. (*6 fois.*)

(Il sort en courant.)

FIN DES TROIS GENDARMES

LE POIRIER DU PÈRE MISÈRE

LE POIRIER DU PÈRE MISÈRE

A MON FILS

Il était une fois, dans je ne sais plus quelle ville, un bonhomme qui ne faisait de tort à personne et à qui personne n'aurait voulu faire du tort. Il était vieux, modeste, humble même. Il souriait aux petits enfants, mais n'osait les caresser, parce qu'il n'avait pas de friandises à leur donner. Il évitait les gens riches, de peur de les attrister, et voyait rarement les pauvres, dont l'indigence l'attristait lui-même.

On l'appelait le père Misère.

Or, le père Misère avait un poirier.

Il faut remarquer, mes enfants, que le bon Dieu, qui donne tant aux riches, a soin de ne jamais oublier complètement les pauvres.

A l'un il donne un enfant aimé ; à l'autre, un bon chien fidèle ; celui-ci, à défaut des réalités, possède le trésor des rêves ; celui-là, qui n'a qu'un lit de paille, a le sommeil précieux et doux qui fuit les couches moelleuses et dorées.

Le père Misère n'avait pas d'argent, pas de beaux habits, pas de maison, pas de famille, pas d'enfants...

Mais il avait un poirier.

Or, ce poirier, vous allez voir comme il servit au père Misère.

*
* *

Je crois bien — mais je ne l'affirmerais pas — que les poires du poirier du père Misère étaient des poires de bon-chrétien. — Du bon-chrétien d'été ? du bon-chrétien d'hiver ? — Je l'ignore ; mais les poires étaient bonnes, je vous en réponds.

Elles étaient si bonnes, que le père Misère ne put jamais en manger une, car on les lui volait toutes.

— Comment! on volait le père Misère ?

— Oui, mes enfants, on volait le père Misère, comme on n'aurait jamais osé voler le receveur de l'enregistrement ou le percepteur des contributions, encore bien moins le notaire, le banquier ou le sous-préfet.

Écoutez donc ! On m'a bien dit qu'autrefois — il y a longtemps, il est vrai — on avait volé Monsieur le curé !

— Monsieur le curé ?...

— Monsieur le curé, en personne! celui qui vous baptise et vous fait faire votre première communion ! Si donc on vole notre curé, qui n'a pas grand'chose, il ne faut pas s'étonner qu'on puisse voler le père Misère, qui n'a rien.

*
* *

Un soir d'automne, le père Misère était sous son poirier : les feuilles tombaient toutes rouillées, et la bise les éparpillait dans l'air. Un chat du voisinage faisait inutilement le guet sur une branche ; et je dis inutilement, puisque, les poires n'étant plus dans l'arbre, les moineaux s'étaient réfugiés ailleurs. Il songeait, le père Misère, il songeait à des choses bien tristes, mes enfants, mais il ne se plaignait pas. Qui l'eût écouté ? qui l'eût secouru ?

Saint Pierre passa.

A l'automne saint Pierre fait sa tournée sur la terre, car c'est lui qui, au commencement de l'hiver, fait un rapport au bon Dieu.

Il signale, dans ce rapport, les enfants sages, les petites filles obéissantes, les petits garçons studieux et dociles, sans négliger pour cela les grandes personnes, qui doivent toujours montrer l'exemple aux petits enfants.

*
* *

« Eh ! bonsoir, père Misère, dit saint Pierre, comment cela va-t-il ?

— Couci-couça ! dit le père Misère ; vous voilà en tournée, saint homme ?

— Mon Dieu oui, mon brave ; mais le monde devient si méchant que je ne sais plus que mettre dans mon rapport au bon Dieu.

— Si le monde devient méchant ! A qui le dites-vous ? répondit le père Misère ; figurez-vous qu'on s'attaque même à moi ! Tenez ! ce poirier que vous voyez là, il m'est impossible de récolter ses fruits ; les méchantes gens me les volent.

— Oui-da ! Et sais-tu qui, au moins ?

— Hélas ! non ; j'ai beau faire le guet, les voleurs sont plus malins que moi... Ah ! si j'en tenais un...

— Et que ferais-tu ?

— Ce que je ferais ? J'ai là un vieux bâton qui serait pour son échine ; il y a bien encore un juge de paix pour me donner raison.

— Tu aurais tort ! Mais puisque aussi bien ta situation m'intéresse, je veux t'aider à trouver ton larron. A partir de ce jour, quiconque, autre que toi, montera dans ton poirier, ne pourra en descendre que par ta permission. Comme cela, tu connaîtras ton voleur de poires ! Cela te va-t-il ?

— O grand saint Pierre ! comment vous remercier !

— En étant toujours honnête homme. Allons, adieu, père Misère, bonne santé et bonne garde ! Je continue ma tournée... Adieu ! et surtout n'use de ton bâton que le moins souvent possible ! »

Là-dessus, saint Pierre s'éloigna.

* *
*

Qui fut content ? Ce fut le père Misère !

L'hiver, les voleurs ne vinrent point, — il n'y avait rien à voler ; — mais les petits oiseaux, que saint Pierre avait oublié de prévenir, se firent attraper à qui mieux mieux.

Ce que le père Misère mangea de moineaux cet hiver-là est incalculable. Il les prenait dans son poirier et leur faisait une petite semonce ; puis il les plumait et les rôtissait devant le feu ; puis enfin il les mangeait sans sel ni poivre, ni barde de lard, ni sauce, ni truffes, ni enfin tout ce qui sert à les rendre bons.

Ceci, mes enfants, est pour vous dire que le père Misère n'était pas gourmand.

Il advint pourtant que les moineaux, décimés, prirent en aversion le poirier du père Misère et avertirent les chardonnerets ; les chardonnerets le dirent aux fauvettes, celles-ci aux rouges-gorges ; les

rouges-gorges en firent part aux corbeaux, qui donnèrent l'éveil
aux pies.

Bref, en peu de temps, les oiseaux furent avertis qu'ils ne devaient
plus se poser sur le poirier du père Misère.

En revanche, les chenilles, les fourmis et les pucerons s'y étaient

Les petits oiseaux se firent attraper.

installés; et comme le père Misère ne songeait pas à les chasser,
ceux-ci, qui ne pouvaient plus s'en aller, pullulaient à qui mieux
mieux.

Au printemps, une vieille pie, qui était sourde, — car comment expliquer autrement son imprudence, — alla se percher sur
le poirier.

Ce fut le dernier gibier que mangea le père Misère.

3

*
* *

Mais ce que n'avait pas prévu saint Pierre, ce qu'aurait dû prévoir le père Misère, — mais qu'il n'avait pas prévu non plus, — c'est que les chenilles, les fourmis et les pucerons aiment les feuilles tendres et les fleurs délicates des poiriers.

Au printemps, elles s'en donnèrent des indigestions.

« Oh! oh! qu'est-ce là? dit le père Misère, en voyant son poirier malade; imbécile que je suis! voilà ma récolte perdue! J'ai eu tort de manger les oiseaux; ils auraient mangé les insectes, qui n'auraient pas mangé mes bourgeons. S'il en est temps encore, mettons le holà! »

Là-dessus, il avisa un petit rouge-gorge qui trottinait sur le sable et regardait le poirier avec envie, quoiqu'il n'osât pas y monter.

« Petit! petit! petit! fit le père Misère, va dans mon poirier, petit mignon! La défense n'est pas pour toi! Va manger les belles fourmis, et les grosses chenilles, et les petits pucerons! Va, mon trésor! mon chéri! »

Le père Misère n'avait pas la voix douce : l'oiseau eut peur et se sauva. Peut-être ne comprit-il pas, peut-être aussi se souvint-il de la leçon de sa mère : — Surtout garde-toi bien de te percher dans le poirier du père Misère!

Le père Misère se décida à faire la besogne lui-même; il échenilla son poirier et, à l'aide d'eau chaude et de drogues de toute espèce, il parvint à tuer les fourmis et les pucerons.

Les feuilles poussèrent, mais les fruits, hélas! ne se montrèrent pas. C'est tout au plus si une poire, — une seule! — s'était décidée à grossir.

Le père Misère ne la quittait pas des yeux.

*
* *

Or, un soir, vers la fin de l'été, qu'il était assis devant sa porte, en contemplation devant son poirier, la Mort passa.

« Bonsoir, père Misère !

« Allons, debout ! » dit la Mort.

— Bonsoir, Madame la Mort !

— Êtes-vous prêt ? L'heure est venue !

— Comment ! vous venez me chercher ! déjà !

— Déjà ? Tout le monde en dit autant ! Mais si je vous écoutais tous, je n'aurais qu'à me croiser les bras. Chacun sait pourtant que ce n'est pas mon désir, car je ne suis pas paresseuse.

— Oh ! non ! mais il me semble qu'avant de songer à moi vous

pourriez bien songer à d'autres : à la vieille Vevette, qui a soixante
et onze ans, et qui tousse et qui crache et qui geint, par exemple ; ou
bien au père Baptiste, qui a donné ses biens à ses enfants et leur est à
charge ; ou bien encore à Remi, qui est boiteux ; à Luc, qui est aveu-

« Vous resterez éternellement dans mon poirier... »

gle ; à Jean, qui est poitrinaire ; à Pierre, qui est goutteux... Tous
ceux-là sont las de la vie : ils vous suivront avec bonheur !

— Bah ! dit la Mort, tous ceux-là sont moins malheureux que toi,
qui n'as rien ; car, mon bonhomme, tu n'as ni père, ni mère, ni sœur,
ni femme, ni enfants, ni personne enfin qui s'intéresse à toi ; tu es
vieux, tu ne peux plus gagner ton pain, et tu n'as pas d'économies ; tu
manges mal, tu bois de l'eau ; tu es si laid que tu fais peur aux petits
enfants ; en un mot, c'est dans une bonne intention que j'arrive, pour
débarrasser la terre de toi et pour t'enlever le fardeau de la vie.

— Voilà, répondit le père Misère, un portrait qui n'est point flatté ; mais c'est égal, j'avoue qu'il est vrai, et malgré cela, que voulez-vous ? je tiens à la vie.

— Eh bien, mon bonhomme, elle ne tient guère à toi ! Allons, debout ! dit la Mort, et viens avec moi !... Tu vois, tu peux à peine te lever... Allons, il faut me suivre !

— Puisqu'il le faut, répliqua le père Misère, je suis bien obligé de me soumettre ! Pourtant j'aurais voulu, avant de partir, goûter à l'unique poire que m'a donné mon poirier cette année. Regardez-la, comme elle est belle.

— En effet ! dit la Mort ; et qui t'en empêche ? J'attendrai !

— C'est que, répliqua le père Misère, le poirier est haut et mon bras est court ; il faudrait monter dans l'arbre, et je n'en ai plus la force.

— Allons ! fit la Mort, qu'à cela ne tienne ! Je vais te rendre ce dernier service ; on m'appelle cruelle, vois comme je suis bonne ! »

Et la Mort monta dans le poirier.

Le père Misère dissimula un sourire.

*
* *

« Père Misère ! père Misère ! voilà votre poire ! attrapez ! »

Et la Mort jeta la poire : le père Misère mordit dedans.

« Eh bien, mais, dit la Mort, qu'est-ce qu'il y a donc ? Voilà que je ne puis plus descendre ! Qui peut donc me retenir ? Je ne vois personne. C'est assez curieux ! Mais, saperlotte ! je n'ai pas de temps à perdre ! Père Misère ! père Misère ! je ne puis plus descendre : pourquoi donc cela ?

— Demandez à saint Pierre, Madame la Mort !

— Ah ! coquin ! s'écria la Mort, c'est un tour que tu m'as joué ! Tu savais que ton poirier retenait tous ceux qui y montaient, et tu as voulu y retenir la Mort ! Quelle audace ! Mais songe donc, malheureux, que, si je ne descends pas, tu vas me faire perdre ma place ! On

me mettra en disponibilité! Cela fera des bouleversements incroya-
bles! Tous les neveux des oncles d'Amérique vont me tomber sur
le dos! Et les héritiers futurs, quelle mine vont-ils faire? Et les
collatéraux? Et ceux qui servent des rentes viagères? Allons! allons!
pas de bêtises! laisse-moi descendre! »

Le père Misère savourait sa poire en regardant la Mort.

« Et si je vous laisse partir, dit-il, la première chose que vous
ferez sera de m'emmener avec vous! Nenni-da!

La Mort se sauva...

— Et si je t'oubliais cette année? dit la Mort.

— Ce n'est pas assez!

— Deux ans?

— Non.

— Dix ans?

— Vous plaisantez! Vous resterez éternellement dans mon poirier,
ou bien vous allez jurer que jamais, jamais, entendez-vous! vous ne
prendrez la vie du père Misère!

— Ah! quel malheur! s'écria la Mort; cependant, puisqu'il le faut,
je le jure!

« — Maintenant vous pouvez descendre. »

Et la Mort descendit du poirier et se sauva avec son linceul et sa faux.

Le père Misère ne la revit jamais.

* *

Et voilà pourquoi le père Misère est éternel !

FIN DU POIRIER DU PÈRE MISÈRE

LES REMORDS DE PIERROT

PERSONNAGES

PIERROT.
ARLEQUIN.

Une rue. — A gauche, une boutique de charcuterie. — A droite, vieille maison avec panonceaux.

Les indications sont prises de la scène.

LES REMORDS DE PIERROT

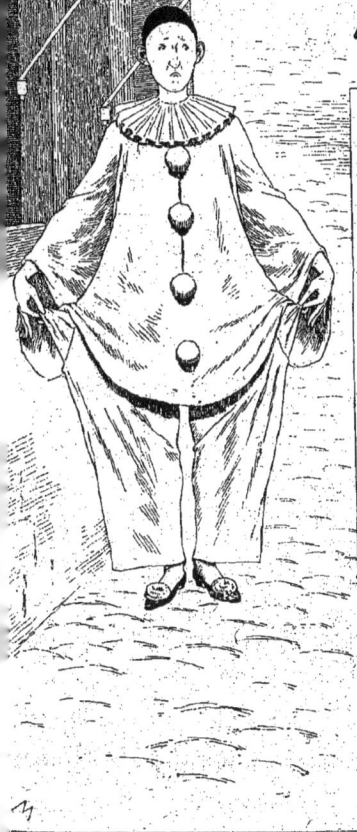

A MADEMOISELLE MARCELLE DELAGRAVE

SCÈNE PREMIÈRE

PIERROT, ARLEQUIN.

(Pierrot se promène de long en large sur le devant
de la scène; Arlequin en fait autant dans le fond
du théâtre. A un moment donné ils finissent par
se rencontrer.)

PIERROT.

Déjeuner! déjeuner! La douce perspective!
Voir passer devant soi la bécasse et la grive,
Le beurre, les radis, les concombres, l'anchois,
Et les poissons de prix, les légumes de choix,
Les fromages fameux et les pâtisseries!
Tout cela maintenant, comme dans les féeries,
S'est envolé! — Cassandre est mort! — On
[me l'a dit,

Et je n'ai pas d'argent et n'ai plus de crédit !

Triste ! triste ! (Il aperçoit Arlequin.)

Arlequin !

ARLEQUIN, descendant la scène.

Pierrot !

PIERROT.

Connais-tu l'heure ?

ARLEQUIN.

Ma foi, non ! j'ai laissé ma montre en ma demeure ;

Mais à mon estomac midi vient de sonner !

PIERROT.

Oui, midi ! C'est, je crois, l'heure du déjeuner !

ARLEQUIN.

As-tu de l'argent ?

PIERROT.

Non !

ARLEQUIN.

Ni moi non plus ! Que faire ?

PIERROT.

Ah ! Cassandre était vieux et toujours en colère,

Il nous battait souvent et ne nous aimait pas ;

Mais chez lui nous mangions à l'heure des repas.

ARLEQUIN.

Il nous manque aujourd'hui, ce bon père Cassandre.

PIERROT.

Hélas ! et le repas se fait beaucoup attendre !

ARLEQUIN.

Il faudra retrouver un autre amphitryon,

N'est-il pas vrai, Pierrot ?

PIERROT.

C'est mon opinion !

En attendant, j'ai faim !

ARLEQUIN. (Il regarde de tous côtés, puis à gauche.)

Et moi! Tiens! je parie
Que tu n'avais pas vu cette charcuterie !

PIERROT.

Ma foi, non!

« Ces jambons semblent appétissants. »

ARLEQUIN.

Ces jambons semblent appétissants!

PIERROT.

Ah! ne m'en parle pas! je crois que je les sens!

ARLEQUIN.

Oui, tu les sens, Pierrot! Et tu sens les bouffées
Que lancent à nos nez ces saucisses truffées!

PIERROT.

Que ce doit être bon!

ARLEQUIN.
Ce sont des mets divins !

PIERROT.

Exquis !

ARLEQUIN.
Regarde ici ces aunes de boudins !

PIERROT.

Des boudins ?

ARLEQUIN.
Des boudins !

PIERROT, plein de convoitise.
Oh ! des boudins !

ARLEQUIN.
Eux-mêmes !

Gras ! dodus ! bien farcis !

PIERROT.
O délices suprêmes !

ARLEQUIN.
Ces pieds de porc et ces andouilles !

PIERROT.
Mes amours !

ARLEQUIN.
Et puis ce régiment de rillettes de Tours !

PIERROT.
C'est enivrant, ma foi ! Le rêve de ma vie
Serait de posséder une charcuterie !

ARLEQUIN.
Eh bien, puisque ni l'un ni l'autre nous n'avons
D'argent, que nous avons très faim, que nous rêvons
Au moyen de dîner sans payer, j'imagine
Qu'une charcuterie ayant si bonne mine
Peut bien nous convenir, et qu'il n'est pas malin

De lui subtiliser quelque aune de boudin
Je m'en charge ! — Pour toi, cherche, dans mon absence,
A rafraîchir le bec : je garnirai la panse !

(Il sort à gauche.)

SCÈNE II

PIERROT, seul.

Ah ! que cet Arlequin est donc ingénieux !
Nous allons déjeuner ! Un repas sérieux !
En y pensant je sens remuer mes entrailles !
O jambons ! ô boudins ! ô chères victuailles,
Venez vite ! Venez, perdreaux, dindons, poulets !
Vous allez visiter un splendide palais
Qui depuis plus d'un jour est veuf de locataire ;
Vous serez bien reçus par le propriétaire !
Mais il ne revient pas ; que fait-il ?

(Il va regarder au fond à gauche.)

Je le vois !

Ce gaillard est vraiment habile de ses doigts !

SCÈNE III

PIERROT ; ARLEQUIN, dans la coulisse.

ARLEQUIN.

Pierrot ! attrape !

PIERROT.

Quoi ?

ARLEQUIN, passant un boudin

Ce boudin !

PIERROT.

Adorable !

(Il prend le boudin et va le poser à l'avant-scène de droite, puis revient.)

ARLEQUIN.

Ce saucisson !

PIERROT, même jeu.

Parfait !

ARLEQUIN.

Ce jambon !

PIERROT, même jeu.

Délectable !

ARLEQUIN.

Et puis ce gros pâté !

PIERROT, même jeu.

Quel splendide repas !

ARLEQUIN.

Est-ce assez ?

PIERROT, même jeu.

Donne encor !

ARLEQUIN.

Voici des cervelas

A l'ail !

PIERROT, même jeu.

A l'ail ? Bravo !

ARLEQUIN.

Voici des galantines !

PIERROT, même jeu.

Il prend tout !

ARLEQUIN, entrant chargé de boîtes de sardines.

Puis enfin des boîtes de sardines.
Ai-je bien travaillé, mon maître ?

PIERROT, à part.

Ah ! le coquin !

Quel talent ! Comme il vole !

(Haut.)

Oui ! mon cher Arlequin.

ARLEQUIN.

Maintenant déjeunons, car j'ai faim comme un diable.

PIERROT.

C'est cela. Mais, dis-moi, nous n'avons pas de table :
Va donc en chercher une.

ARLEQUIN.

Oui, j'y vais... en effet !...

(Il sort à gauche.)

SCÈNE IV

PIERROT, seul.

Mon Dieu ! si l'on pouvait le prendre sur le fait,
Je mangerais tout seul ce repas fantastique.
Manger seul, et beaucoup, et longtemps !... C'est épique !
Voyons, si je mettais tout d'abord de côté
Ce joli cervelas, ainsi que ce pâté
Et ce fameux jambon. — Le lard est indigeste !

(Il va porter à l'avant-scène de gauche les mets indiqués.)

C'est bien ! Et maintenant nous mangerons le reste.

SCÈNE V

PIERROT; ARLEQUIN, avec une table qu'il pose au milieu du théâtre.

ARLEQUIN.

Me voici.

4

PIERROT.

Bon ! pose la table au beau milieu.

C'est cela.

ARLEQUIN.

Le boudin va commencer le feu !

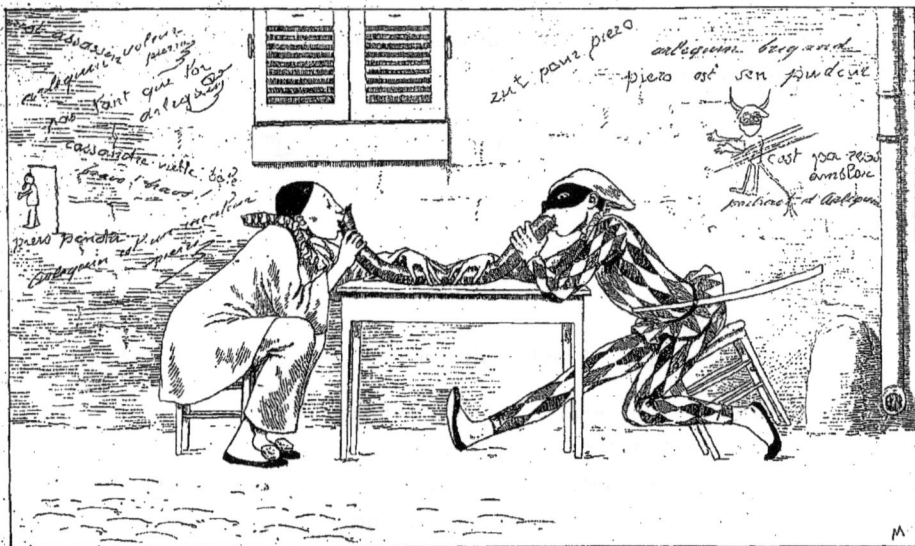

« Prends un bout, et moi l'autre... »

Prends un bout, et moi l'autre, et dégustons à même.

(Pierrot va prendre le boudin à droite, le met sur la table,
et chacun mord de son côté.)

PIERROT.

Excellent !

ARLEQUIN.

Savoureux ! Mon bonheur est extrême !

PIERROT.

Mais tu manges trop vite et tu me prends ma part.

ARLEQUIN.

Imite-moi, parbleu. Je ne suis pas bavard
Comme toi.

PIERROT.

Quel glouton ! Ton appétit féroce
Me dégoûte ! Va donc ! mange seul ! Fais la noce !

(Il lâche le boudin et s'éloigne.)

(A part.) Mon Dieu ! si je pouvais lui couper l'appétit
Et de tout le repas avoir seul le profit !
Essayons !... Un bon coup de bâton est peut-être
Excellent. — Mais il faut alors un coup de maître,
Bien donné... savamment... d'une solide main,
L'étourdissant assez pour dissiper sa faim !
Procurons-nous d'abord le bâton !...

(Il sort.)

SCÈNE VI

ARLEQUIN, seul, mangeant.

O merveille
De la charcuterie ! ô chose non pareille !
Sang de porc cuit, lardé, bien aromatisé,
Que je te trouve bon ! S'il était arrosé
De vin blanc, ce repas serait tout à ma guise.
— Mais où donc est Pierrot ? Pourquoi sa gourmandise
A-t-elle fait relâche ? Il est sans doute allé
Chercher le vin. — Pierrot doit avoir calculé
Que l'on mange bien plus quand on boit. Le liquide
A la propriété de pousser le solide.

SCÈNE VII

ARLEQUIN, mangeant; PIERROT, entrant furtivement et tenant un bâton
à la main.

PIERROT, à part.

J'ai ma trique.

ARLEQUIN, mangeant toujours.

Oh ! c'est bon ! c'est bon !

PIERROT, à part.

Oui, tu vas voir
Si c'est bon.

(Il s'avance derrière Arlequin.)

Halte-là ! n'allons pas m'émouvoir !
Songeons qu'il a volé, que je suis la Justice
Et que je le punis. — Voici l'instant propice
Un ! deux ! trois ! Patatras !.

(Il bat Arlequin.)

ARLEQUIN.

Je suis mort !

PIERROT, le battant toujours.

Le gredin !
J'eusse tardé, qu'il eût mangé tout le boudin !
Tiens ! tiens ! tiens !

ARLEQUIN.

Oh ! là là !

PIERROT, lui donnant un dernier coup.

Tiens ! ton affaire est faite.

(Avec emphase.)

Des dieux vengeurs je suis le fatal interprète.
Tu m'entends, Arlequin, si tu m'entends encor ;
Ton vol audacieux a mérité la mort !

(Tristesse comique.)

C'est égal ! de l'avoir tué cela me navre !

(Avec entrain.)

Bah! nous sommes mortels! Enlevons le cadavre!

(Il prend Arlequin sur son épaule et le porte dans la coulisse de gauche.)

(Revenant.) Je l'ai mis à côté du seuil du charcutier.
Si par hasard le guet passait dans le quartier,

« Un! deux! trois! Patatras! »

On le soupçonnerait : ce n'est plus mon affaire!
Et maintenant, mangeons! Cela va me distraire!
J'ai des provisions. — Mais c'est étrange! J'ai
L'estomac comme si j'avais déjà mangé;
Ma gorge se resserre et tout mon corps frissonne...

(Se retournant vivement.)

Qui va là? Je suis fou! Parbleu, ce n'est personne...
Je dois être bien pâle!... Installons-nous. Voici

Le reste du boudin qui faisait mon souci ;
Goûtons-y. C'est bien bon !

(Pierrot, goûtant le boudin par un bout, s'aperçoit qu'Arlequin
mange de l'autre bout.)

Ah !

(Arlequin disparaît.

Non, j'ai la berlue.
Arlequin ! Mais il est couché là, dans la rue.
Allons voir cependant.

(Il va regarder au fond à gauche.)

Oui, je m'étais trompé.
Il est bien mort !

(Il revient. Arlequin reparaît et lui donne un coup
de bâton, puis disparaît.)

Holà ! holà ! qui m'a frappé ?
Personne ! C'est bizarre ! Et pourtant mon épaule
A senti le contact insolent d'une gaule !
Erreur ! — Allons manger, car ce repas, enfin,
Je ne l'ai pas touché ! — Je devrais avoir faim.
Voyons ! Du jambonneau contemplons la figure.

(Au moment où il va prendre le jambon à gauche,
Arlequin se dresse devant lui.)

Arlequin ! Encor lui ! Quelle étrange aventure !
Je l'ai tué pourtant, il est mort ! Je l'ai vu
Au seuil du charcutier tout du long étendu...
J'ai peur ! Je ne suis pas pourtant pusillanime ;
Mais de tous les côtés je crois voir ma victime.
Allons, Pierrot, allons ! fais un dernier effort.
Quand on est, comme toi, mon cher, un esprit fort,
On se moque de tout !

(Il retourne du côté du jambon ; Arlequin se montre de nouveau.)

Ah ! c'est insupportable !

Arlequin, mon ami défunt, va-t'en au diable !
— C'est que je n'ai plus faim ! Plus faim ! Et cependant
La victuaille est là tout entière, attendant
Le moment solennel où, plein de gourmandise,
Je dois gloutonnement en faire l'analyse.
Plus faim ! Ah çà ! voyons, est-ce que le remords
Me serait envoyé de l'empire des morts?...
Et d'Arlequin vaincu serait-ce la vengeance ?
Je verrais devant moi cette énorme pitance
Et je ne pourrais pas y toucher? C'est affreux !
Avez-vous vu jamais un homme malheureux
Comme moi? — Le remords, le remords implacable
Me poursuit ! Il me fait m'éloigner de la table !
Je voudrais pourtant bien goûter à ce pâté.
Essayons !

        (Au moment où il va pour prendre le pâté, à gauche,
            Arlequin se dresse devant lui et disparaît.)

        Encor lui ! quelle fatalité !
Non ! je ne puis plus vivre ainsi ! Rester sur terre
Et ne pouvoir manger ! J'aime mieux qu'on m'enterre !
C'est par où j'ai péché que me voici puni !
Oui, je sens dans mon corps un être indéfini
Qui de tous mes désirs a su prendre la place ;
Mon cœur, jadis brûlant, est maintenant de glace ;
Mon esprit, autrefois subtil, me semble étroit;
J'étais habile : eh bien, je me sens maladroit !
C'est fini ! Je voudrais pourtant quitter ce monde
Comme Arlequin, assis près d'une table ronde,
Couverte de boudins, de pâtés, d'ortolans,
De ces mets qu'autrefois je trouvais excellents !
Oui, mourir en mangeant, quel sort digne d'envie !
Et n'avoir pas le temps de regretter la vie !

SCÈNE VIII

PIERROT; ARLEQUIN, habillé en juge.

LE JUGE.

Bonjour, maître Pierrot!

PIERROT.

Hein? Ciel! je suis perdu!
Le juge!

LE JUGE.

J'étais là.

PIERROT.

Quoi!

LE JUGE.

J'ai tout entendu.

PIERROT.

Tout?

LE JUGE.

Tout.

PIERROT.

Eh bien?

LE JUGE.

Eh bien, je viens pour satisfaire
Ton désir! En mangeant tu vas quitter la terre!

PIERROT.

Ciel!

LE JUGE.

D'Arlequin je veux que tu suives le sort.
Tu mourras en mangeant comme lui-même est mort.

PIERROT.

Hélas! je n'ai plus faim.

LE JUGE.

Tu mangeras quand même.

Ne te plains pas. Au lieu du châtiment suprême,
Du couperet fatal et de la question,
Pierrot, tu vas mourir d'une indigestion.

« Tu mangeras quand même ! »

PIERROT.

Grâce !

LE JUGE.

Non ! Songe donc à ton crime, coupable !
Arlequin se trouvait assis à cette table,
Devant toi. Vous mangiez ensemble du boudin ;
Il avait un très grand appétit, c'est certain ;
Mais alors, redoutant qu'il ne fît ta part moindre,
Tu l'occis !

PIERROT.

Il est vrai !

LE JUGE.

Mais tu vas le rejoindre.

Allons ! à table !

PIERROT.

Non ! je ne pourrais manger.

LE JUGE.

A table !

PIERROT.

Je ne puis !

LE JUGE.

Je vais bien t'obliger
A t'emplir l'estomac.

PIERROT.

Non ! je vais tout vous dire,
Mon juge ! — En ce moment je subis le martyre
De ces grands criminels que, dans votre équité,
Vous avez retranchés de la société.
Je suis plein de remords, tout me montre mon crime.
Ce boudin !... Il est fait du sang de la victime !
Ce jambon, — c'est sa jambe, encor qu'il fût moins gras.
Je retrouve ses doigts avec ces cervelas !
Si chez le charcutier il eût pris une hure,
En la voyant je retrouverais sa figure,
Car je le vois partout depuis qu'imprudemment
Je l'ai tué, croyant l'étourdir seulement.

LE JUGE.

Donc, tu ne peux manger ?

PIERROT.

Cela m'est impossible !

LE JUGE.

Eh bien! puisque je vois que ton cœur est sensible
Au remords, tu n'es pas tout à fait un coquin.
Regrettes-tu d'avoir fait mourir Arlequin?

PIERROT.

Oui, certes! Il avait une amitié sincère
Pour moi; je reconnais mes torts. Hélas! qu'y faire?

LE JUGE.

Et s'il n'était pas mort?

PIERROT.

Que j'en serais content!
Il avait des défauts, — beaucoup, — c'est évident;
Mais il était plaisant, ingénieux, habile,
D'une gaieté!... Ne se faisant jamais de bile!...
O mon cher Arlequin! tu me vois tout contrit!
Reviens à moi! renais! rends-moi mon appétit!

LE JUGE.

Eh bien! puisque je vois un sentiment honnête
Éclore dans ton cœur...

PIERROT.

Quoi?

LE JUGE.

Rien; tourne la tête.

PIERROT, se retournant.

Voici.

LE JUGE.

Ferme les yeux!

PIERROT, se cachant la figure dans les mains.

Voilà!

LE JUGE.

Combien de coups
Arlequin reçut-il de toi, gourmand jaloux?

PIERROT.

Je ne sais ; cinq ou six.

LE JUGE, prenant un bâton et le battant.

Oh ! mettons la douzaine.

Tiens !

PIERROT.

Oh ! là là ! c'est trop !

LE JUGE.

Très bien ! Reprends haleine.

Ferme toujours les yeux !

(Il sort et reparaît vêtu en Arlequin.)

SCÈNE IX

ARLEQUIN, PIERROT.

ARLEQUIN.

Ouvre-les maintenant.

Détourne-toi.

PIERROT.

Que vois-je ? Arlequin ! bien vivant !

ARLEQUIN.

Moi-même ; et vois mon cœur : Pierrot, je te pardonne.

PIERROT.

Arlequin !

ARLEQUIN.

Je comprends que parfois on bâtonne
Dans un mouvement vif ; mais, je le dis sans fard,
Il faut que l'on bâtonne avec grâce, avec art,
Comme toi. — Dieu merci, j'ai l'enveloppe dure :
Car tu frappais bien fort...

PIERROT.

Arlequin, je t'assure...

« Pierrot, je te pardonne ! »

ARLEQUIN.

Plus un mot ! Réparons plutôt le temps perdu.

PIERROT.

Voilà mon appétit tout à fait revenu !

(Ils se mettent à table. La toile tombe.)

FIN DES REMORDS DE PIERROT

LES FILOUS DE TRAYAS

LES FILOUS

DE

TRAYAS

A MADEMOISELLE AIMÉE MARTIN

I

Est-il au monde un pays plus pittoresque que la Provence, et dans la Provence des sites plus sauvages que ceux de Trayas, village accroupi au bord de la mer Méditerranée et adossé aux montagnes de l'Estérel, où il y a des sangliers excellents et la célèbre auberge des Adrets, dans laquelle il ne fait pas toujours bon passer la nuit?

Et je ne suis pas peureux, je vous l'assure; mais cette maison sinistre, enfouie dans une des gorges les plus resserrées de la montagne, entourée de pins au feuillage noir, avec ses volets rouges, ses tuiles moussues, ses vitres verdâtres, ses murs humides, ne m'inspire aucune confiance, et j'aimerais mieux faire deux lieues de plus et coucher sur la paille que dormir dans un lit, si moelleux qu'il fût, dans cette lugubre habitation.

Tout le monde n'a pas les mêmes préventions que moi, et la preuve, c'est que voici trois gaillards, d'une mine peu rassurante, il est vrai, qui ont vraisemblablement couché là et se dirigent d'un pas lent du côté de la forêt.

Si je vous dis que je les connais, c'est vous avouer que j'ai de mauvaises connaissances; mais je ne les fréquente pas; cependant je sais leurs noms et je puis vous les dépeindre.

Le petit rougeaud, qui est maigre et osseux et dont le nez pointu a des proportions exagérées, s'appelle Longmuseau.

Le grand noir, au teint brun, dont la barbe est hérissée comme un taillis, a nom Boule-de-Singe. Et le troisième, qui est boiteux, est connu sous la dénomination de Traîne-la-Quille.

Bien entendu, que ce ne sont là que des sobriquets, comme tous les malfaiteurs s'en donnent entre eux.

Le sentier dans lequel ils s'engageaient était bizarre : d'un côté, des rochers à pic, aux tons rougeâtres, aux angles aigus, entre lesquels percent çà et là des bruyères, des pins, des fougères ; de l'autre, la forêt sombre, dont les arbres touffus se rabattent sur l'étroit chemin.

« Traîne-la-Quille leur tordait le cou. »

On ne voit pas le ciel ; seulement loin, bien loin, un petit trou d'azur se découpe au milieu des arbres ; à cet endroit le sentier redescend brusquement du côté de la mer.

Le silence profond de ce lieu solitaire n'est troublé que par les coups répétés des becs des piverts et des coqs de bruyère sur les troncs des pins élevés, et par les rires effrontés des trois mauvais garnements.

Ah ! ils en disaient de belles !

« Moi, disait Boule-de-Singe, j'ai dévalisé le poulailler du maire de Saint-Raphaël, et personne ne s'est aperçu de rien. Vous savez que le poulailler est derrière la maison ; du côté de la cuisine, c'était dangereux, d'autant plus qu'il y a un chien qui court en liberté dans le jardin toute la nuit.

— Et comment as-tu fait?

— J'ai fait un trou au mur derrière le poulailler, et j'ai fait sortir les poules dans le terrain voisin. A mesure qu'elles sortaient, Traîne-la-Quille, qui était avec moi, leur tordait le cou. Nous en avons emporté cinquante, que nous avons revendues le lendemain au marché de Fréjus. La femme du maire était furieuse!

« Je lui ai dit que j'étais l'accordeur. »

— Oui, mais en revendant les poules dans les environs on aurait pu vous soupçonner.

— Du tout! Deux jours après nous avons volé un renard dans une ménagerie ambulante, et nous sommes allés le vendre à la femme du maire, en lui disant que c'était lui qui avait mangé les poules. Elle nous a bien reçus, bien payés, et nous a donné à déjeuner. »

Les vauriens se mirent à rire.

« Moi, j'ai fait plus fort que cela, dit Longmuseau. Il y a huit jours, à Fréjus, je me suis présenté chez une dame qui donne des leçons de piano; je lui ai dit que j'étais l'accordeur et que je faisais ma petite tournée. Comme son mari était absent, ce que je savais, et que, du reste, son piano était faux, elle me laissa dans le salon pour l'arranger. Je tapotai dessus; et en un quart d'heure j'avais déjà

fourré dans ma poche une foule d'objets ; j'allais en prendre d'autres
quand elle rentra. Comme je craignais qu'elle ne s'aperçût de mes
petits larcins, je lui dis que son piano avait une corde cassée et
qu'il fallait que j'allasse en chercher une dans mon bagage, resté à
l'hôtel ; la brave dame crut facilement la chose et me laissa partir,
et... je cours encore.

— Bravo ! bravo ! crièrent les filous.

— Eh bien, dit Traîne-la-Quille, j'ai fait mieux que cela ! mais il y
a longtemps. Les gendarmes couraient après moi, j'étais traqué ; je

« J'emportai le tout dans la forêt. »

me réfugiai dans l'auberge où justement les gendarmes étaient des-
cendus. Ils devaient coucher là et repartir le lendemain. Au beau
milieu de la nuit, comme tout le monde dormait, je sortis du grenier
où j'étais caché et j'entrai tout doucement dans la chambre des gendarmes. Ils ronflaient à ce point qu'ils n'entendirent pas la porte
craquer. Je ne fis ni une ni deux, je pris les bottes, les habits, les
chapeaux et les sabres des gendarmes et j'emportai le tout dans la
forêt. Ils ont dû être joliment surpris en se réveillant. »

Les rires recommencèrent de plus belle ; et comme tout en causant
ils avaient déjà fait un bon bout de chemin, ils s'assirent sur un talus
et allumèrent leurs pipes.

Din-din ! din-din ! din-din !

Qu'est-ce que cela ?

Cela, c'était maître Jean-Marius Casenave, monté sur sa bourrique, qui venait d'acheter une bique au marché de Saint-Raphaël et qui regagnait sa demeure par le plus court chemin. Il avait attaché sa bique à la queue de sa bourrique et lui avait mis au cou une petite clochette.

Il avait attaché sa bique à la queue de sa bourrique.

Marius Casenave était un bon Provençal qui cultivait la vigne et l'olivier. Son huile, qu'il faisait lui-même, était renommée ; elle avait le goût du fruit, et quand on l'étalait sur une tartine c'était un vrai régal. Mais son vin était bien meilleur ; il le faisait aussi lui-même et aimait à le faire valoir.

« Goûtez-moi cela ! disait-il. Quel corps ! Ce n'est pas du liquide, c'est de la chair ! »

Et il claquait du bec, en clignant des yeux comme un chat-huant en colère.

Le fait est que son vin était bon, mais il était capiteux ; et quand Marius Casenave avait fait une vente, il y avait du vent dans ses voiles : autrement dit, il avait une petite pointe qui le rendait tout guilleret.

Au marché de Saint-Raphaël, sur le produit de trois pièces de vin il avait acheté une bique ; mais, comme il avait goûté et fait goûter beaucoup de son vin, il remportait, avec sa bique, une petite pointe de gaieté qu'il traduisait par des chansons cadencées sur le trot de sa bourrique.

Or, voici ce qu'il chantait :

> Trotte, trotte, ma bourrique,
> Rentrons vite à la maison !

I

> C'est le vin qui fait la nique
> Aux amateurs de raison :
> A l'automne,
> Une tonne
> Ne contient pas de poison !
> Trotte, trotte, ma bourrique,
> Rentrons vite à la maison !

II

> Quand je trouve une pratique,
> Je me fais son échanson ;
> Ma rasade
> Du malade
> Active la guérison !
> Trotte, trotte, ma bourrique,
> Rentrons vite à la maison !

III

> Mon nez est couleur de brique.
> Qu'importe ! c'est mon blason !

> De ma vigne
> C'est le signe :
> Chaude au cœur comme un tison !
> Trotte, trotte, ma bourrique,
> Rentrons vite à la maison !

Certainement le vin est bon et il n'est pas défendu d'en boire, mais il n'en faut pas boire trop. Maître Marius Casenave aurait dû ajouter un couplet à sa chanson, car voici ce qu'il lui advint.

Nos trois filous, en l'entendant chanter à tue-tête, avec accompagnement de la clochette de sa bique, se doutèrent bien de l'état dans lequel il se trouvait.

Ils se regardèrent et se comprirent sans dire un seul mot. Mais c'étaient des artistes en filouterie. Jugeant la proie trop facile, ils voulurent mettre des formes pour s'en emparer.

« Écoutez ! dit Longmuseau, voici une occasion qui se présente. Évidemment, à nous trois, si nous voulons, nous ne ferons qu'une bouchée de ce brave voyageur ; mais ce sera une mesquine gloire ! Trois contre un, c'est piteux ! Je veux vous montrer que je suis d'une habileté rare, et je m'engage à lui prendre sa bique sans qu'il s'en aperçoive, histoire de me faire la main !

— Parbleu ! répliqua Boule-de-Singe, ce n'est pas bien malin ; moi, je parie que je lui prends sa bourrique et qu'il ne s'en doutera même pas !

— Vous êtes des enfants, dit à son tour Traîne-la-Quille ; moi, je m'engage à faire plus fort que vous, et je lui prendrai tous ses habits et son argent sans qu'il puisse m'en empêcher !

— C'est trop fort ! s'écrièrent les deux autres.

— Vous allez voir, poursuivit Traîne-la-Quille. Faites d'abord ce que vous venez d'avancer, je me charge du reste. Nous nous retrouverons ce soir à l'auberge de Trayas.

Là-dessus ils se séparèrent.

III

Maître Marius Casenave trottinait toujours sur sa bourrique en chantant à tue-tête; et il avait bien tort, car il ne voyait pas Long-museau, qui s'était glissé derrière lui et qui, ayant coupé le lien qui rattachait la bique à sa monture, accrochait la sonnette à la queue de l'âne.

Quand le coup fut fait, Longmuseau s'enfuit avec la bique dans la forêt. Et maître Marius Casenave chantait toujours :

> Trotte, trotte, ma bourrique,
> Rentrons vite à la maison !

pendant que la sonnette faisait toujours : Din-din ! din-din ! din-din !

Pourtant à un certain moment, la bourrique, ayant buté contre un caillou, dérangea l'équilibre de maître Marius Casenave, qui, s'étant retourné, s'aperçut que sa bique ne le suivait plus.

Il descendit de sa monture et se mit à regarder à droite et à gauche le long du chemin. Comme ses idées n'étaient pas très claires, il n'avait pas songé que la sonnette n'était plus au cou de la bique où il l'avait mise, mais bien à la queue de la bourrique.

Or, pendant qu'il faisait ces recherches, il aperçut au bord de la route un homme qui semblait très fatigué. Il s'approcha de lui.

« Pardon, Monsieur ! lui dit-il, vous n'avez pas vu ma bique ?

— Votre bique ? répondit Boule-de-Singe, — car vous vous doutez bien que c'était lui, — ma foi non, Monsieur ! mais je viens de voir passer un homme avec une bique.

— Une bique noire ?

— Oui, une bique noire, et qui a l'air très gai !

— C'est ma bique !

— C'est bien possible !

— Et où est-il passé ?

— Tenez, par ce petit sentier-là ! Oh ! il ne doit pas être loin, il entrait dans le sentier au moment même où vous m'avez parlé.

Longmuseau s'enfuit avec la bique.

— Voulez-vous me garder un instant ma bourrique ? Je vais courir après lui.

— Si cela peut vous faire plaisir, je le veux bien, car je suis tellement fatigué que je ne puis faire un pas.

— Ah ! Monsieur ! que je vous remercie ! »

Et là-dessus maître Marius Casenave s'élança dans le sentier que venait de lui indiquer Boule-de-Singe.

Mais à peine fut-il hors de vue que Boule-de-Singe enfourcha la bourrique et, ayant enlevé la sonnette pour ne pas faire de bruit, il s'éloigna avec la plus grande rapidité.

Au bout d'un quart d'heure, maître Marius Casenave, qui n'avait

rien rencontré, comme bien vous pensez, revint pour prendre sa
bourrique à l'endroit où il l'avait laissée, mais il trouva la place
nette.

Il eut beau appeler et crier, se mettre en colère, regarder de tous
les côtés, nul ne répondit que l'écho.

« Décidément, se dit-il, j'ai eu affaire à deux filous! On m'avait
bien dit que les forêts de l'Estérel n'étaient pas sûres, mais je n'aurais

Maître Casenave s'élança dans le sentier.

jamais soupçonné qu'en plein jour on y pût rencontrer des voleurs. —
Voyons! faisons mon compte. J'ai perdu ma bique, mais elle ne me
coûtait pas cher; mon âne, mais il était vieux, et il commençait à
devenir aveugle. D'un autre côté, j'ai vendu trois pièces de mon vin,
et bien vendues; oui! j'y gagne encore! Allons! soyons philosophe,
je me rattraperai une autre fois! »

Et, tout en raisonnant ainsi, il arriva sur le versant de la montagne qui dominait la mer bleue, sur laquelle on voyait se balancer
les voiles blanches des pêcheurs.

Après une heure de marche, pendant laquelle il avait trouvé moyen de se consoler, il était parvenu au bord de la mer et avait repris son refrain favori :

> Trotte, trotte, ma bourrique,
> Rentrons vite à la maison !

« Ah ! pensait-il, la bourrique, c'est moi ! Enfin, quand je pleure-rais, cela ne me rendrait pas ma bourrique et ma bique. »

« Il y en a de plus malheureux que moi ! »

« Hélas ! Monsieur, je suis bien malheureux ! »

Comme il était dans ces idées, il aperçut sur un rocher qui domi-nait la mer un homme qui regardait les vagues en pleurant à chaudes larmes.

Maître Marius Casenave avait le cœur bon ; il s'approcha de l'étran-ger et lui dit :

« Qu'avez-vous, mon brave homme ?

— Hélas ! Monsieur, je suis bien malheureux !

— Moi aussi ; tenez, on vient de me voler ma bourrique et ma bique ; pourtant je ne pleure pas !

— Ah ! Monsieur, moi, on ne m'a rien volé.

— Tant mieux !

— Mais c'est bien pis ! car si on m'avait volé, je pourrais espérer de faire prendre les voleurs, tandis que...

— Oh ! vous pouvez parler, je ne suis pas un voleur, moi, et votre douleur m'intéresse.

— Eh bien, je vais tout vous dire ! Je reviens de Fréjus, où j'ai

Traîne-la-Quille s'empara de ses vêtements.

fait un grand héritage. J'ai le malheur d'être boîteux, et la marche me fatigue : aussi me suis-je reposé plus d'une fois avant d'arriver jusqu'ici. Mais ici je fus au bout de mes forces, si bien que je déposai mon sac d'argent sur ce rocher et je m'étendis dessus. Comment cela se fit-il, je n'en sais rien, mais je sentis tout à coup que le rocher s'ébranlait ; je me levai rapidement, mais pas assez vite pour retenir mon sac d'argent, qui tomba avec un quartier de roc dans la mer. Et je ne sais pas nager ! Maintenant, je suis ruiné !

— Mais il y avait donc une grosse somme dans votre sac ?

— Oui, Monsieur! Il y avait douze cents francs, et c'est beaucoup pour moi! Ah! je donnerais bien deux cents francs à celui qui me le repêcherait. »

Maître Marius Casenave est bon, je crois l'avoir déjà dit; mais c'est un homme qui sait compter.

« Deux cents francs, se dit-il, cela compenserait la perte de ma bique et de mon âne! C'est la Providence qui a mis cet homme sur mon chemin!

— Ah! Monsieur, si vous savez nager, obligez-moi!

— Volontiers, mon ami; mais où le sac est-il tombé?

— Là, Monsieur, voyez, là... l'eau est claire... il n'y a pas cinq pieds d'eau! Voyez-vous, là, dans le fond, cette machine blanche au milieu des varechs?... C'est mon sac.

— Je ne vois pas bien... Ah! si... On dirait une pierre.

— C'est mon sac!

— Eh bien! mon ami, je vais vous tirer d'embarras! Attendez un moment, je vais enlever mes vêtements, et vous rapporter votre trésor. »

Et maître Marius Casenave se déshabilla et se jeta bravement à l'eau.

Mais quand il fut à l'eau, Traîne-la-Quille — car c'était lui — s'empara de ses vêtements et, bien qu'il fût boiteux, remonta sans faire de bruit par le sentier qui conduisait à la forêt, laissant maître Marius Casenave faire des plongeons dans l'eau salée.

VI

- Or, voici ce qui arriva le soir même de ce jour.

Dans la petite auberge de Trayas, les trois filous, après souper, se

On vit entrer un homme suivi d'un gendarme.

racontaient leurs exploits ; l'hôtelière dormait dans un coin, l'âne et la bique en faisaient autant dans l'étable. Tout à coup la porte s'ouvrit brusquement, et l'on vit entrer un homme en costume sommaire, suivi d'un gendarme.

« Les voilà ! » s'écria-t-il.

Atterrés, nos trois fripons ne songèrent pas à s'enfuir, et le gendarme en eut facilement raison.

Quant à maître Marius Casenave, il reprit ses habits, son argent, sa bourrique et sa bique, et le soir même regagna son logis en chantant :

> Trotte, trotte, ma bourrique,
> Rentrons vite à la maison !

Mais depuis ce temps, quand il vend son vin, il n'en boit plus.

FIN DES FILOUS DE TRAYAS

L'ARMOIRE MAGIQUE

PERSONNAGES

LE PÈRE GROGNON (vieux paysan).

—   sous le nom de NICOLET, jeune domestique campagnard.

—   sous le nom de PÈRE LAPALETTE, maître d'école du village.

FANCHETTE, domestique du père Grognon.

LE SECRET DU BONHEUR EST LE TRAVAIL

A MADEMOISELLE CLAIRE GAUTIER,

SCÈNE PREMIÈRE

FANCHETTE, LE PÈRE GROGNON.

LE PÈRE GROGNON.

Voyez! mais voyez donc! Ça vous a-t-il
une mine! Des jeunesses comme ça, ça n'a
point d'énergie! Non! mais regardez-la,
qui me fixe avec ses grands yeux effrontés! Quand que tu auras fini de me dévi-
sager comme ça! ça n'avance pas ton ouvrage.

FANCHETTE.

J'ai pus rien à faire!

LE PÈRE GROGNON.

T'as balayé la maison?

FANCHETTE.

Oui, j'ai balayé la maison!

LE PÈRE GROGNON.

Eh ben, écoute-moi ; tu vas aller chercher de la cendre dans le
foyer, et puis tu vas la répandre partout ; après quoi tu prendras ton
balai et tu recommenceras à balayer ; ça t'occupera! Pendant c'temps-
là, moi, j'vas m'occuper dehors à r'garder le temps qu'il fait!

SCÈNE II

FANCHETTE.

Le temps qu'il fait! je le sais bien, moi, le temps qu'il fait! Il fait
mauvais ici pour moi. — Ah! mon Dieu! mon Dieu! que je suis malheureuse! C'est pourtant ma marraine qui m'a placée ici. Elle m'a
dit : « Fanchette, ma mignonne, la vie se compose de plaisirs et de
peines : il vaut mieux commencer par se débarrasser des peines, c'est
pourquoi je te place chez le père Grognon. Il n'est pas commode, le
père Grognon, oh! non! Aussi, pour te mettre bien avec lui, tu lui
feras d'abord cadeau de cette grande armoire. » — Ça, je l'ai fait! —
Elle m'a dit encore : « Lorsque ton maître sera trop bourru, tu le
pousseras dans l'armoire en faisant tout bas un souhait ; et quand
il ressortira de l'armoire, ton souhait sera exaucé. Mais tu ne pourras
faire que trois souhaits ; ainsi, réfléchis bien, et n'use pas trop vite
ton talisman. » — Je regrette bien de n'avoir pas songé à tout cela
plus tôt, mais il est encore temps!

SCÈNE III

FANCHETTE, LE PÈRE GROGNON.

LE PÈRE GROGNON.

Eh ben! v'là encore que je te prends à ne rien faire. Tu n'as donc pas entendu ce que je t'ai dit tout à l'heure?

FANCHETTE.

J'allais le faire, notre maître.

LE PÈRE GROGNON.

Mais ça devrait être fait! Tu lambines trop, ma fille!

FANCHETTE.

Mais je ne peux pas toujours travailler, non plus!

LE PÈRE GROGNON.

Et puis, tu es une raisonneuse, Fanchette! Est-ce qu'on répond comme cela à son maître? Car enfin je suis ton maître.

FANCHETTE.

Je l'sais ben!

LE PÈRE GROGNON.

T'aimerais peut-être ben mieux que j'soye ton domestique?

FANCHETTE.

Et pourquoi pas?

LE PÈRE GROGNON.

Eh ben, avant que ça arrive, faudra pas être si paresseuse, et plus active, et de meilleur caractère, et plus soumise, avec un peu plus d'amiquié pour les personnes qui vous font gagner votre pain; vous m'entendez bien?

FANCHETTE.

Oui, j'vous entends bien; vous m'dites des sottises; mais, allez, je m'vengerai.

LE PÈRE GROGNON.

Encore un défaut que je n'avais point compté.

FANCHETTE.

Oh ! voyez-vous, j'en ai assez de cette vie-là, moi ! Je suis jeune, et vous, vous êtes vieux : ça ne s'accorde point ; vous grognez toujours, et

« Petite impertinente, sortez ! »

moi j'ai envie de rire sans cesse ; vous ne pouvez pas traîner vos jambes, et moi j'ai envie de faire courir les miennes ; si je n'aimais pas tant ma marraine, il y a longtemps que je vous aurais planté là.

LE PÈRE GROGNON.

Petite impertinente, sortez ! C'est moi qui vous renvoie.

FANCHETTE.

Je sortirai si je veux, na ! -

LE PÈRE GROGNON.

Ah ! c'est ainsi ! Ah ! vilaine enfant, c'est comme cela que tu es reconnaissante de toutes mes bontés pour toi... (Il s'approche d'elle.)

FANCHETTE.

Ne me touchez pas !

LE PÈRE GROGNON, voulant la pousser dehors.

Ah ! tu ne veux pas sortir ; attends ! attends !

FANCHETTE, se débattant avec lui.

Ah ! par ma fine, Monsieur, vous n'êtes pas le plus fort ! Et je vais vous le montrer. C'est moi qui vais vous rendre raisonnable, vieux grigou ! Ah ! vous voulez me chasser ? Eh bien, voyez-vous, vous ne méritez pas d'être mon maître. J'voudrais que vous soyez domestique comme moi, et alors je vous ferais marcher, je vous en réponds ! (Elle le pousse dans l'armoire.) C'est fait ! — Ma foi, tant pis ! Pourquoi qu'il m'agace, aussi ? — Enfin, c'est égal, je n'ai plus de maître, je vais pouvoir m'amuser toute la journée ! Je me ferai servir : c'est moi qui serai la maîtresse. Je commanderai ; je dirai : Faites ceci, allez là. Oh ! comme cela va être amusant ! Voyons un peu mon nouveau domestique. (Elle va ouvrir l'armoire.)

SCÈNE IV

FANCHETTE ; LE PÈRE GROGNON, en garçon de ferme sous le nom de Nicolet, sortant de l'armoire.

FANCHETTE.

Ah ! te voilà, mon garçon ! Comment t'appelles-tu ?

NICOLET.

Nicolet, Mam'selle, pour vous servir.

FANCHETTE.

Eh bien, Nicolet, puisque tu es à mon service, il va falloir travailler ; qu'est-ce que tu sais faire ?

NICOLET.

Dame, Mam'selle, pas grand'chose; mais c'est égal, l'ouvrage se fera tout d'même, surtout si vous me donnez un coup de main.

FANCHETTE.

Voyez-vous le paresseux! C'est qu'avec moi il faut qu'on travaille! Je vas te donner ta besogne de tous les jours. — Le matin tu te lèveras à quatre heures.

NICOLET.

C'est que je dors bien à cette heure-là!

FANCHETTE.

Et moi aussi. C'est pour cela que tu te lèveras, toi. — Tu iras panser les bestiaux. Tu leur donneras à manger, puis tu trairas les vaches et tu feras du beurre.

NICOLET.

Ah! dame, je ne sais point faire tout ça!

FANCHETTE.

Je t'apprendrai.

NICOLET.

C'est que je n'aime point à apprendre; j'aime savoir tout de suite.

FANCHETTE.

Que t'es bête, mon pauvre garçon! Je vais te donner une besogne qui n'est pas difficile. Tu vas balayer cette chambre. Tu sais balayer, peut-être?

NICOLET.

Dame! J'n'ai point appris, mais j'sais tout d'même.

FANCHETTE.

C'est ça. Pendant ce temps-là, je vais faire un tour dans le poulailler, pour voir si j'ai des œufs frais pour le déjeuner. — Allons, travaille, Nicolet; je reviens dans un moment. (Elle sort.)

SCÈNE V

NICOLET.

Travailler ! Ah ! bien non ! D'abord je n'ai pas de balai. Ah ! si, en voilà un. (Il prend le balai et le met sur la table.) Moi, je n'étais pas né pour

« Ah ! dame, je ne sais point faire tout ça ! »

être domestique, je suis plus ambitionneux que cela ! J'aurais voulu être arracheur de dents. — A la fête du village, il y en avait un qui avait un habit rouge. Oh ! qu'il était beau et qu'il parlait bien ! — Il disait : « Braves villageois, je suis venu dans vos murs pour apporter l'aisance, l'abondance, la bienfaisance, par la connaissance de la science et la clairvoyance que je possède depuis mon enfance ! » Hein ! comme c'est bien dit ! « — La nature, pleine de prévoyance, a tou-

jours mis le remède à côté du mal. Vous avez un mal *de dents* (dedans),
je vais le mettre dehors. — Ne faites pas attention, c'est un calem-
bour. J'en sais comme cela une centaine, qui font passer le temps !
Approchez, jeune homme ; montrez-moi votre mâchoire. Elle est
dans un état pitoyable ! N'ayez pas peur ! — Voyez plutôt, Messieurs,
s'il y a quelque chose de plus repoussant que la bouche de cet infortuné ! Eh bien, après un petit travail sans douleur, il n'y paraîtra plus
rien ; ce jeune homme aura la bouche comme l'enfant qui vient de
naître. Je lui arracherai toutes ses dents sans qu'il s'en aperçoive,
car je lui mettrai un bandeau sur les yeux ; puis je mettrai sur ses
gencives de la graisse de rhinocéros arrosée par mon élixir odontal-
gique, et six mois après, six mois, pas plus, cet intéressant bipède
aura la mâchoire regarnie et présentera à tout un chacun la plus belle
bouche de tout le département. — Allons ! à qui le tour, Messieurs ?
Montez sur ma voiture, faites-vous servir. Allez, la musique ! Dzing !
boum ! boum ! Dzing ! boum ! boum ! »

SCÈNE VI

NICOLET ; FANCHETTE, qui est entrée depuis quelques instants et s'est arrêtée
stupéfaite en entendant Nicolet.

FANCHETTE.

Eh ben ! est-ce que tu es devenu fou ? Qu'est-ce que tu fais là ?

NICOLET, à part.

Ah ! la maîtresse ! (Haut.) Rien. Je parlais tout seul.

FANCHETTE.

Tu parlais ? J'ai bien entendu ; mais tu ne travaillais pas.

NICOLET, à part.

Oh ! elle m'ennuie avec son travail ! Toujours travailler ! Voilà une
place où je ne resterai pas longtemps !

FANCHETTE.

Eh bien ! répondras-tu ? As-tu balayé ?

NICOLET.

Écoutez ! ne m'agacez pas ! Je n'aime pas à être commandé.

FANCHETTE.

Voyez-vous ça ?

NICOLET.

D'abord, je ne peux pas obéir à une femme. Je trouve ça humiliant. Et si ensuite vous étiez méchante avec moi, je me connais, je vous battrais.

FANCHETTE.

Ah ! mais non ! (A part.) Le joli domestique que je me suis donné là !

NICOLET.

J'en aurais peut-être du regret après, mais vous seriez battue... parce que vous ne m'en imposez pas... mais pas du tout !

FANCHETTE, à part.

Qu'est-ce que je vais devenir avec un valet comme cela ?

NICOLET.

Aussi, ne m'obstinez pas. Tenez ! voilà le sang qui me monte déjà à la tête rien que de penser à ça. Je vais sortir un peu pour me calmer ! (Il sort.)

SCÈNE VII

FANCHETTE.

Eh bien ! en voilà une histoire ! Moi qui me débarrasse de mon maître pour prendre un valet et qui rencontre une nature semblable ! C'est qu'il le ferait comme il le dit ! Être battue ! moi ! par mon domestique encore ! oh ! non ! Mais que faire ? — Ah ! je le vois bien, je n'ai pas les qualités nécessaires pour commander ; je suis trop jeune d'abord, trop ignorante ensuite. Ah ! si j'avais été à l'école ! Mais je ne voulais rien faire. Ma marraine me le disait bien ; maintenant il est trop tard, je suis trop grande ! — Mais non, une idée : si j'étais la servante du maître d'école, j'écouterais, j'apprendrais ; et quand je serais savante, alors les maîtres n'oseraient plus me bousculer. Oui, c'est comme cela qu'il faut faire. Renvoyons toujours Nicolet, car il me fait peur ! (Elle appelle.) Nicolet ! Nicolet !

SCÈNE VIII

FANCHETTE, NICOLET.

NICOLET.

Qu'est-ce que vous me voulez ? J'étais là bien tranquille à dormir au soleil, et voilà que vous me dérangez.

FANCHETTE.

Eh bien ! à l'avenir, tu pourras dormir tout à ton aise.

NICOLET.

A la bonne heure ! nous nous entendrons toujours bien comme cela.

FANCHETTE.

Oui ! tu peux faire ton paquet et aller dormir ailleurs.

NICOLET.

Ah ! vous me mettez à la porte ?

FANCHETTE.

Précisément.

NICOLET.

Eh bien ! il va falloir me payer.

FANCHETTE.

Te payer ! Quoi ! tu es entré en place ce matin et tu n'as encore rien fait !

NICOLET.

Ça ne me regarde pas ! D'abord j'ai droit à mes huit jours, puis à mon mois tout entier, puisqu'il est commencé.

FANCHETTE.

Tu n'as droit à rien du tout, et tu vas t'en aller, sinon j'irai chez le commissaire.

NICOLET.

Ah ! c'est comme ça ? (Il prend le balai.) Eh bien ! pendant que vous serez chez le commissaire, vous pourrez lui raconter aussi la jolie danse que vous allez recevoir.

FANCHETTE.

Ah ! tu veux me battre ?

NICOLET.

Une légère correction seulement ! (Il la bat.)

FANCHETTE.

Oh ! là là ! Oh ! là là ! Ah ! brigand ! attends ! (Elle s'empare du balai et le bat à son tour.) Tiens, vaniteux ! tiens, fainéant ! tiens, voilà pour toi ! voilà ce que tu as gagné ! En as-tu assez ? Ah ! tu bats une femme ! Ah ! tu te crois supérieur ! Tiens ! tiens ! — Monsieur, qui pérorait en faisant des grands bras ! Mais je ne suis pas méchante ; pour te punir de ta paresse, je ne fais qu'un vœu qui te sera profitable : c'est que tu deviennes un maître d'école, pour apprendre aux autres ce que tu devrais savoir ; tiens ! (En disant ceci, elle le pousse dans l'armoire.) Ouf ! m'en voici débarrassée ! Ouf ! mais maintenant, adieu ma liberté ! Ah ! j'ai été trop vite, comme toujours ! J'aurais dû réfléchir. Enfin c'est fait ! — Oui, mais si je deviens savante... on verra plus tard.

SCÈNE IX

FANCHETTE ; LE PÈRE GROGNON, en maître d'école sous le nom de Père Lapalette, un livre d'une main et un martinet de l'autre.

FANCHETTE.

Voici mon nouveau maître.

LAPALETTE.

Approchez ! Mademoiselle... ?

FANCHETTE.

Fanchette, pour vous servir, Monsieur.

LAPALETTE.

Eh bien, Mademoiselle Fanchette, je sais que vous êtes une petite ignorante et même une petite paresseuse; il va falloir changer tout cela. Je veux que les domestiques qui me servent soient tous instruits.

FANCHETTE.

Je veux bien, Monsieur; instruisez-moi.

LAPALETTE, d'un ton pédantesque.

Voici un livre! C'est la science. — Dans ce livre, il y a des signes qui sont des lettres; avec ces lettres, on fait des mots, des phrases, et dans les phrases on met des idées. Répétez-moi cela.

FANCHETTE.

Dame, Monsieur, le livre, la science, des mots, des idées; je n'ai rien compris à tout votre baragouin. J'voudrais apprendre à lire, voilà tout.

LAPALETTE.

Je voudrais... je voudrais... — Vous n'avez qu'à m'écouter.

FANCHETTE.

Oh! je vous écoute bien!

LAPALETTE.

Avant de lire, il faut savoir lire : un mot se compose de lettres qui sont assemblées...

FANCHETTE.

Assemblées? qu'est-ce que ça veut dire?

LAPALETTE.

Mais si vous m'interrompez toujours, vous ne saurez rien. — Il y a les voyelles et les consonnes.

FANCHETTE.

Oh! c'est ennuyant cela! Apprenez-moi b, a, ba.

LAPALETTE.

Elle est par trop ignorante! — Voyons! regardez mon livre et dites comme moi : B, a, ba.

FANCHETTE.

B, a, ba, baba. — C'est un gâteau, ça, c'est très bon.

LAPALETTE.

Taisez-vous! — B, i, bi.

« Approchez! Mademoiselle...? »

FANCHETTE.

B, i, bi, bibi. — C'est un petit chien. J'avais un petit chien qui s'appelait Bibi.

LAPALETTE.

Voulez-vous vous taire! — B, o, bo.

FANCHETTE.

B, o, bo, bobo. — C'est quand on s'est fait mal, on a bobo.

LAPALETTE, lui donnant un coup de martinet.

Eh bien, en voilà du bobo? — Ça vous fera taire, hein!

FANCHETTE.

Ah ! vous battez aussi, vous !

LAPALETTE.

Allons, allons ! continuons. — C, a, ca.

FANCHETTE.

Fi ! Monsieur, que c'est vilain ! Je ne dirai jamais ce mot-là.

LAPALETTE.

Mais, petite espiègle, voulez-vous bien m'écouter ? Continuons. —
C, o, co.

FANCHETTE.

C, o, co, coco. — C'est le nom d'un perroquet.

LAPALETTE, lui donnant un coup de martinet.

Voilà pour le perroquet.

FANCHETTE, pleurant.

Oh ! là là ! Oh ! là là ! Oh ! le vilain maître !

LAPALETTE.

Ah ! vous pleurez ! Je vais vous en donner encore, Mademoiselle.
— Maintenant nous allons passer à l'histoire. Écoutez bien, et retenez
bien surtout. C'est l'histoire romaine.

FANCHETTE.

Comme la salade ?

LAPALETTE, nouveau coup de martinet.

Écoutez.

FANCHETTE, à part.

Oh ! il est trop méchant ! Je vais lui faire des niches.

LAPALETTE.

L'Italie a la forme d'une botte. — Au milieu de l'Italie, il y a une
grande ville qui fut fondée par Romulus et Rémus, jeunes enfants
abandonnés qui furent nourris par une louve. (Fanchette sort discrètement.)
Quand ils furent grands, ils songèrent à construire une cité. Rémus
était jaloux de Romulus. Chacun d'eux voulait poser les fondements
de la ville. (Fanchette rentre avec un bonnet d'âne en papier, qu'elle pose sur la tête de
Lapalette.) M'écoutez-vous ?

FANCHETTE, riant.

Oui, Monsieur.

LAPALETTE.

Pourquoi riez-vous ?

FANCHETTE, riant.

Parce que c'est amusant.

LAPALETTE, continuant.

Ils convinrent de s'en rapporter au sort. Rémus vit passer sur sa tête six vautours, mais Romulus en vit douze !

FANCHETTE, riant toujours.

Douze ! oui, Monsieur ! douze ! ah ! ah ! ah !

LAPALETTE.

Mais il n'y a rien de risible là dedans ! (Il paraît inquiet.) Romulus alors, avec une charrue, traça l'enceinte de la ville...

FANCHETTE.

Ah ! ah ! ah !... de la ville !

LAPALETTE.

Ah çà, mais cette petite ne fait que rire ! ... qu'y a-t-il donc ? (Il regarde de tous côtés et en se relevant se voit dans le miroir de droite.) Ah ! petite friponne, c'est ainsi que vous vous moquez de moi ! — Un bonnet d'âne sur ma tête, à moi, la science même ! C'est sur la vôtre que je vais le mettre, mais auparavant je vais vous corriger. (Il la poursuit à coups de martinet.)

FANCHETTE.

Oh ! là là ! Oh ! là là ! Oh ! le vilain maître ! Oh ! si j'avais su ! Ah ! bien non, je ne veux plus être servante pour être battue comme cela. Oh ! non, décidément, c'est à qui sera de plus en plus méchant ! — Oh ! père Grognon ! père Grognon ! Vous n'étiez pas aimable, mais vous valiez encore mieux ! Je commence à vous regretter, et je voudrais bien vous revoir ! (Elle pousse le père Lapalette dans l'armoire.) En voilà une aventure !... Oh ! j'en suis tout étourdie. — Avec tout cela je n'ai plus de souhaits à faire, et me voici redevenue servante du père Gro-

gnon ! Ça me donne à réfléchir tout de même ! Ah ! je vois bien que
ma marraine m'avait bien placée, et que, dans n'importe quelle con-
dition je serai, je n'arriverai à rien si je ne travaille pas ! Allons !
prenons mon balai...

SCÈNE X

FANCHETTE, LE PÈRE GROGNON.

LE PÈRE GROGNON.

A la bonne heure, Fanchette, tu travailles ! C'est bien, ma fille ! je

« Allons ! prenons mon balai !... »

suis content de toi ! Si tu continues, je te donnerai un beau fichu tout
neuf à ta fête !

FANCHETTE.

Merci, notr' maître !

LE PÈRE GROGNON.

Vois-tu, mon enfant, je suis un peu grognon, parce que je suis vieux
et que je ne suis pas bien portant ; mais quand je te vois travailler, ça

me rajeunit et ça m'enlève mes douleurs. Si tu m'aimes un peu, tu travailleras toujours.

FANCHETTE.

Ah! bien sûr, notr' maître! Maintenant j'vas prendre goût à l'ouvrage.

LE PÈRE GROGNON.

Et quand tu auras bien travaillé à la maison, je t'apprendrai à lire; et quand tu sauras, tu me liras de belles histoires; et si je suis satisfait de toi, eh bien, je n'ai pas d'enfants, je suis bien vieux : quand le bon Dieu me rappellera à lui, tout ce qui est ici sera à toi.

FANCHETTE.

Ah! notr' maître! notr' maître! — Ah! je comprends ma marraine maintenant. Le secret du bonheur, c'est le travail.

FIN DE L'ARMOIRE MAGIQUE

L'HABIT BLEU D'AZUR

DU MARQUIS TURLURETTE

L'HABIT BLEU D'AZUR

DU MARQUIS TURLURETTE

A MONSIEUR GUSTAVE AVISSE

I

LE NOMBRE SEPT

Sept heures venaient de sonner à la pen-
dule en bronze doré qui se trouvait placée
sur la cheminée. La veilleuse, ivre d'huile,
agonisait dans son tombeau de cristal, et,

dans la chambre capitonnée du marquis Turlurette, de grands rayons dorés se glissaient entre les rideaux, piquant çà et là d'un point lumineux un clou de cuivre, une encoignure de marbre ou la couleur vive d'un tapis.

Tout à coup, on entendit sortir du fond d'une alcôve un soupir violent, prolongé, en mi bémol, comme dirait un musicien, qui indiquait que la chambre était habitée.

En effet, c'était M. le marquis Turlurette qui bâillait; et quand le marquis venait d'exhaler un bâillement, il avait pour coutume d'en exhaler six autres, pour compléter le nombre sept, en qui il avait foi.

Il avait sept chevaux et sept chiens.

Dans sa cuisine, on voyait toujours devant le foyer sept chats qui ronronnaient à qui mieux mieux.

Comme il y a sept jours dans la semaine, il avait sept chambres à coucher, et il les occupait à tour de rôle. Le dimanche, il allait à la campagne.

Il avait sept perruques, sept gilets et sept habits.

Mais il n'avait qu'un domestique, Casimir! Il n'en avait qu'un, parce que, disait-il, à lui seul il en valait sept.

Après avoir bâillé, le marquis sonna sept fois; au septième coup, Casimir entra.

Autant le marquis était long et maigre, autant Casimir était rond et gras; à eux deux, s'ils se fussent tenus par une corde, ils eussent fait un bilboquet. — Le marquis était fier, autoritaire, parlant haut et se tenant droit; Casimir, au contraire, était humble, servile, parlant bas, à la troisième personne, — et avait le dos voûté.

« Casimir, dit le marquis, quelle heure est-il?

— Sept heures, Monsieur le marquis!

— Mon tailleur a-t-il apporté mon habit?

— Oui, Monsieur le marquis!

— Aide-moi à m'habiller.

— Je suis aux ordres de Monsieur le marquis. »

La toilette du marquis Turlurette n'était pas une petite affaire.

Le marquis n'ignorait pas qu'il était maigre ; mais il voulait qu'on l'ignorât : aussi, quand il mettait ses bas ou ses culottes, c'était tout un travail de surmoulage qu'il fallait faire pour arriver à lui confectionner, à l'aide de ouates superposées, des mollets et des jambes à peu près convenables. Mais Casimir s'acquittait de cette sculpture éphémère d'une façon tout à fait remarquable.

Quand le marquis fut à peu près habillé, il se fit apporter son habit neuf. Il était en velours nacarat, avec des boutons d'acier, de grandes poches de côté et des basques à l'avenant doublées de satin blanc. Ainsi vêtu, le marquis pouvait se présenter à la cour et faire mourir de dépit tous les courtisans.

« Parfait ! parfait ! dit le marquis, qui se mirait en faisant des grâces dans une grande glace de Venise, aussi haute que la chambre à coucher ; parfait !

— Monsieur le marquis est satisfait ?

— Très satisfait, Casimir ! Ce tailleur est un véritable artiste ! Et toi, mon ami, un excellent serviteur. Je veux te récompenser de ton zèle. Va me chercher mon habit bleu d'azur ! »

Casimir alla chercher l'habit bleu d'azur du marquis. C'était une vénérable relique, qu'il ne portait plus depuis nombre d'années. Les boutons étaient noircis, le velours bleu était passé, mais la coupe du vêtement était élégante et toujours de mode, car en ce temps-là la mode était moins inconstante qu'aujourd'hui.

« Essaye un peu cet habit, Casimir.

— Quoi ! Monsieur le marquis désire que je....

— Essaye, essaye, Casimir. »

Et Casimir endossa comme il put cet habit qui n'était point fait pour lui. Les coutures se plaignaient sur les membres du gros homme, mais il leur fallut subir ce martyre. Les basques traînaient par terre, et le col cachait la tête de Casimir ; mais le marquis était ravi.

« Il te va bien, Casimir ! marche un peu, là... bien, tourne-toi...

C'est cela ! Tu es tout à fait comme il faut ! Ah ! cet habit !... c'était ma gloire, autrefois ! — Eh bien ! Je te le donne ! Entends-tu ? je te le donne !

— Monsieur, le marquis est vraiment trop bon ! Je suis confus...

— Je ne veux pas, entends-tu, que tu le mettes tous les jours ; de temps en temps seulement. Tu le garderas bien précieusement, et tu le conserveras en souvenir de moi, entends-tu, Casimir ? Tu le conserveras, et quand je ne serai plus, il te rappellera quel bon maître tu avais, et comme il était généreux envers ceux qui le servaient bien !

— Oui, Monsieur le marquis ! »

Là-dessus le marquis pirouetta sur ses talons, et, saisissant au passage son chapeau et sa canne, sortit en fredonnant un air du dernier opéra : « Pum ! pum ! pum ! Froum ! froum ! La ! la ! la ! »

Casimir était resté abasourdi : il tournait et retournait dans ses doigts l'habit du marquis, et grommelait tout bas.

« Son habit ! son habit bleu d'azur ! En voilà un joli cadeau ! Jamais je ne pourrai le mettre, cela ne me servira à rien ! Peste ! quelle générosité ! Ah ! les gens généreux sont bien rares ! Mais, vraiment, mon maître est le plus grand ladre des temps modernes. Enfin ! servons-le bien tout de même, en attendant mieux, et allons serrer mon habit bleu d'azur. »

Il avait raison, Casimir ; le marquis Turlurette n'était pas prodigue ; disons plus, il était tant soit peu avare ; mais il appelait cela de l'économie. A ce défaut-là il en joignait un autre qui lui joua, comme vous allez voir, un tour affreux, qui le guérit radicalement du premier. Le marquis était gourmand. Oh ! mais gourmand comme une chatte, comme un enfant gâté, comme un singe de Bornéo.

Or, ce matin-là même, il était allé dîner, à midi précis, chez la comtesse de Belle-Allure, qui recevait, avec le marquis, la baronne de la Tour-Fêlée et le vidame de Boursassec ! Tous les quatre étaient des gourmands émérites. Quand ils se rassemblaient, et c'était une fois par semaine, ils se mettaient à table à midi et n'en sortaient qu'à cinq heures. Ce qu'ils absorbaient, on n'en a pas d'idée : c'était des poulets, des faisans, des dindes truffées, des perdreaux aux oranges, des lièvres aux confitures, des gigots, des filets de bœuf ; puis des crèmes, des glaces, des gâteaux, des fruits et des liqueurs de toutes sortes.

On le ramena chez lui.

Cela n'engraissait pas le marquis, quoiqu'il mangeât plus que les autres.

Ce jour-là, on lui avait fait tellement de compliments de son bel habit, que son appétit en avait redoublé.

Il avait surtout mangé d'un certain homard farci et en avait repris par trois fois. Il s'était senti quelque peu indisposé au moment du

rôti ; mais il avait bu avec ardeur du vin de Jurançon, et sa lourdeur
d'estomac avait semblé céder.

Malheureusement le pauvre marquis, poussé par son défaut capital,
la gourmandise, s'était jeté sur les entremets sucrés et avait mélangé
les puddings avec les glaces et les crèmes avec les marmelades, tant
et tant, qu'une formidable indigestion s'était déclarée, laquelle, en
moins de temps que nous n'en mettons pour écrire ces lignes, l'avait
conduit aux portes du tombeau.

On le ramena chez lui, et, au moment où la comtesse, la baronne
et le vidame prenaient le café, il rendit sa belle âme à Dieu.

II

CASIMIR MANGE L'HABIT DU MARQUIS

Vous vous intéressiez au marquis Turlurette, n'est-ce pas ? et il est bien fâcheux qu'il soit mort dès le début de cette histoire ; mais, que voulez-vous, il faut raconter les choses comme elles sont. Ce marquis, somme toute, n'a eu que ce qu'il méritait, du moins en apparence. Il était gourmand, il semblait avare... ce sont des défauts affreux ! En mourant, il n'avait point fait de testament, et Casimir n'eut absolument rien.

Mais Casimir était une bonne nature ; il regretta très sincèrement son maître, le pleura pendant huit jours, puis se replaça chez le baron de Neuf-Anguilles, un écervelé qui dépensait beaucoup et ne mangeait pas.

Il y avait déjà deux ans que le marquis était mort, enterré, et... oublié ; quand, un beau jour qu'il visitait sa garde-robe, Casimir retrouva l'habit bleu d'azur de son ancien maître. Comme il mangeait peu dans sa nouvelle place, Casimir avait beaucoup maigri ; aussi ses vêtements étaient-ils devenus trop larges pour lui : l'habit étroit du marquis Turlurette fut retrouvé fort à propos ; Casimir l'endossa avec facilité ; il se trouva même qu'il lui allait parfaitement bien.

Quand le baron de Neuf-Anguilles aperçut son valet revêtu d'un habit bleu d'azur, il entra dans une colère effroyable.

« Quel est ce masque ? s'écria-t-il ; palsambleu ! Casimir, sommes-nous en carnaval pour s'affubler de cette horrible guenille ?

— Guenille ! Monsieur le baron ! Mais c'est l'habit de mon ancien maître, le marquis Turlurette, qui avait sept habits, tous plus beaux les uns que les autres.

— Fais-moi l'amitié, mon cher Casimir, de te dépouiller de cette

« Je mange les boutons de l'habit de M. le marquis ! »

défroque sur-le-champ et de la jeter à la borne ; je ne veux pas de semblables mascarades chez moi. »

Casimir disparut aussitôt ; il ne voulut point jeter dans la rue l'habit du marquis ; il se contenta seulement de le porter chez un vieux marchand d'habits, qui lui en donna quinze sous tout ronds, avec lesquels Casimir s'acheta un pain mollet, une bouteille de vin, un

aucisson et un demi-quarteron de noix. Puis, étant remonté dans sa
mansarde, il se mit à déjeuner avec appétit.

Et comme Casimir, quand il n'était pas affamé, avait des moments
de gaieté, à chaque bouchée qu'il avalait, il s'écriait comiquement :

« Je mange les boutons de l'habit de M. le marquis ! Je mange
les basques de l'habit de M. le marquis ! Excellente, la doublure de
l'habit de M. le marquis ! »

Puis enfin, ayant fort bien déjeuné, il s'endormit en murmurant :

« Je vais maintenant digérer l'habit de M. le marquis ! »

Il faut encore ouvrir une parenthèse. Sous peine de n'être pas pris
au sérieux, un bon conteur d'histoires ne doit pas tromper son lecteur.

Il faut donc l'avertir ici que, de même qu'il ne sera plus question
dans ce récit du marquis Turlurette, on ne parlera pas davantage du
baron de Neuf-Anguilles ni du brave Casimir.

Ils vont rentrer dans l'oubli.

D'autres personnages aussi intéressants, mais aussi éphémères, vont
entrer en scène ; toutefois, nous ne perdrons jamais de vue le fameux
habit bleu d'azur.

III

Il y avait foule à la porte de l'Hôtel de Bourgogne : les carrosses
dorés, les chaises à porteur, se suivaient dans la rue de la Comédie
et l'on en voyait sortir de belles dames magnifiquement parées et des
gentilshommes superbement vêtus. Des groupes se formaient, où l'on
discutait les mérites de la pièce nouvelle, qui était d'un auteur inconnu
On parlait du luxe des costumes et des décors, et de l'esprit de la
pièce. Le titre de cette comédie était : *les Mœurs du jour*. Les petits
maîtres bourdonnaient comme des abeilles ; les gazetiers chuchotaient
les financiers frappaient la terre de leurs longues cannes à pomme
d'or, et les laquais, dorés, luisants, brillants, poudrés, couraient
allaient, venaient, obséquieux et empressés.

Tout à coup, fendant la foule, un petit homme en manches de che
mise, la figure couverte de fard et la perruque de travers, s'élança
du théâtre dans la rue en s'écriant :

« Mon habit ! on m'a volé mon habit ! »

C'était le comédien Petitpeton.

Il jouait dans la pièce un rôle de marquis ridicule, et un filou, en
effet, lui avait dérobé son habit, sans lequel il lui était impossible de
paraître en scène.

L'auteur de la pièce, un grand diable mal vêtu, maigre et blême
le suivait, les yeux inquiets, et s'efforçait de le retenir et de le ras
surer.

« Où courez-vous ainsi, mon cher Petitpeton? On va commencer la pièce ; je vous prêterai mon habit.

— Vous plaisantez! répondait le comédien; mais votre habit est affreux, horrible, rapé, usé, démodé; jamais sous cette défroque je n'aurai l'air d'un marquis.

— Enfin, répliquait l'auteur, vous n'allez pas faire manquer ma pièce ; voyons, mon cher Petitpeton, ne m'abandonnez pas! Où allez-vous?

— Où je vais? Je vais chercher mon voleur !

— Mais savez-vous où il est?

— Je vais chez le préfet de police pour le faire arrêter.

— Mais ma pièce, ma pièce...

— Votre pièce, je m'en moque! c'est mon habit que je veux. »

En discutant ainsi, ils s'éloignaient du théâtre. Tout à coup Petit-peton s'arrêta : il venait d'apercevoir à la boutique d'un marchand de friperies l'habit bleu d'azur du marquis Turlurette.

« Sauvés, mon cher auteur! Sauvés! s'écria le comédien. Voici un habit qui va faire mon affaire; vite, entrons dans la boutique et achetons-le. »

Et Petitpeton poussa l'auteur dans l'échoppe du marchand.

« Combien cet habit? s'écria-t-il.

— Ah! répondit le marchand, ce bel habit bleu d'azur, je ne puis vous le donner moins de trois écus !

— Trois écus ! tout juste?

— Oui, trois écus! je ne puis en rabattre un liard! Voyez, il est tout neuf! »

En disant ceci le marchand avait décroché l'habit, et Petitpeton l'avait prestement endossé.

« Très bien! très joli! Il me va comme s'il avait été fait pour moi! Il est bien un peu passé, mais aux lumières il fera très bon effet! Je le garde! Payez-le. »

Et là-dessus Petitpeton, revêtu de l'habit bleu d'azur, reprit sa

8

course vers le théâtre, laissant son auteur se débrouiller avec le marchand d'habits.

Le pauvre auteur était resté, les bras ballants, abasourdi, devant le marchand, qui tendait la main.

« Combien cet habit? »

« Trois écus! répétait-il, trois écus!

— Oui, trois écus, répliquait le marchand, pas moins!

— C'est que...

— C'est que quoi? Eh bien, il faut payer! »

— Oui, mais... c'est que je n'ai pas un liard.

— Comment! vous n'avez pas un liard et vous achetez des habits?

— Je vais vous dire...

— Je ne veux rien entendre, je veux de l'argent.

— Oui, certainement, de l'argent, je compte bien vous payer.

— A la bonne heure!

— Mais, pas ce soir...

— Comment, pas ce soir! Je veux être payé de suite.

— Écoutez-moi...

— Payez d'abord, j'écouterai après.

— Mais non, écoutez-moi, de grâce! Je suis l'auteur de la pièce que l'on joue ce soir à l'Hôtel de Bourgogne, et...

— Et vous n'avez pas le sol? ce n'est pas possible.

— Hélas! si, c'est possible! Les comédiens ne m'ont pas encore payé. Ce soir, après le spectacle, ou demain, vous aurez votre argent, mais maintenant, voyez, je n'ai pas un liard sur moi! »

Et le pauvre diable retournait ses poches de la façon la plus piteuse et la plus comique du monde.

Laissons-les dialoguer et retournons au théâtre.

La salle était pleine. La pièce avait commencé sans encombre; on l'écoutait même avec intérêt. C'était dans le troisième acte seulement que les personnalités devaient se produire; on était patient. Petit-peton, en attendant son entrée, se promenait dans les couloirs, en repassant son rôle et en faisant des gestes pour s'habituer à son habit bleu d'azur. Dans la salle, pendant le second entr'acte, on lorgnait les dames, on causait haut, on critiquait.

Or, mettez-vous dans la situation d'un auteur dont on joue la pièce pendant qu'il est retenu par un marchand, pour la misérable somme de trois écus.

Le revendeur ne voulait rien comprendre, rien entendre. Il prétendait garder le pauvre auteur, qui se mourait d'inquiétude sur le sort de son ouvrage. Il voulut l'enfermer dans une chambre obscure située derrière la boutique. Le malheureux, désespéré, se laissa faire en pleurant.

Mais quand il fut seul, dans l'obscurité, son énergie lui revint; il tâtonna le long des murs, dérangeant les vêtements pendus de tous côtés, qui s'écroulaient sur lui en le couvrant de poussière. Enfin, après une heure de lutte avec ces défroques, il aperçut une lucarne

On jeta des pommes à Petitpeton.

qui donnait sur une cour. Il reprit courage, et, faisant un tas de vête-ments par terre, il monta dessus, s'accrocha au rebord de la lucarne, se hissa tant bien que mal, et, avec mille peines, se glissa dehors, la tête la première. Il tomba sur les mains dans une cour humide et boueuse. Là, nouveau travail; il fallut chercher une issue. Il trouva enfin une porte vermoulue qu'il démolit en partie. Il était si maigre qu'il put aisément passer de l'autre côté.

Il était dans la rue!

En deux enjambées il arriva au théâtre au moment où commençait le troisième acte.

Cependant le marchand, n'entendant plus rien dans la chambre obscure où il avait enfermé l'auteur, prit une lumière et fut visiter son prisonnier. En un clin d'œil, il comprit ce qui s'était passé. L'oiseau s'était envolé. Il entra alors dans une colère formidable, et, fermant sa boutique, lui aussi se dirigea du côté du théâtre.

Les premières scènes du troisième acte des *Mœurs du jour* venaient d'être jouées. La pièce était médiocre. Point d'esprit, point de finesse, point de méchancetés. C'était une de ces œuvres communes qui ne soulèvent pas même de colères.

On s'ennuyait, mais on sentait que le moindre incident ferait éclater le mécontentement du public.

Petitpeton entra en scène, le pied cambré, l'œil insolent, la démarche arrogante, très impertinent dans son habit bleu d'azur.

A ce moment, du milieu du parterre une voix s'éleva qui disait :

« Oh! le bel habit! Quel malheur qu'il ne soit pas payé! »

Petitpeton pâlit sous son fard.

Le public éclata de rire, puis se mit à siffler : on jeta des pommes cuites à Petitpeton; les spectateurs se levèrent, on hua l'acteur, la pièce, l'auteur! On redemanda son argent, et le rideau tomba au milieu d'un désordre indescriptible.

Dans un coin des coulisses, l'auteur pleurait, le comédien essayait de le consoler sans y parvenir, et le marchand d'habits, qui avait trouvé moyen de pénétrer jusqu'à eux, les menaçait en leur disant mille injures.

A ce moment, un jeune homme s'approcha et s'informa de ce dont il s'agissait.

Quand on l'eut mis au courant :

« Pauvres gens! dit-il, et vous, marchand, pauvre esprit! Allons! donnez-moi cet habit, c'est moi qui l'achète! »

Là-dessus, il donna trois écus au revendeur et, prenant l'habit que Petitpeton venait d'ôter, il se retira.

Ce philanthrope était Narcisse Vermillon, le décorateur du théâtre.

IV

Il était immense, l'atelier de Narcisse Vermillon, le décorateur ordinaire du théâtre de l'Hôtel de Bourgogne. De grands châssis inachevés se dressaient le long des murs, représentant des horizons bleus, des bosquets enchanteurs, des colonnades élégantes, des intérieurs dorés à l'ocre jaune, etc. Par terre, une foule de pots de toutes grandeurs recélaient des liquides de toutes couleurs, et de longs balais faisant l'office de pinceaux s'alignaient à côté de vastes plates-formes qui figuraient les palettes.

Mais ce n'est pas là qu'il fallait s'arrêter : au bout de cette immense salle se trouvait un petit réduit artistique où le peintre, laissant de côté le métier qui le faisait vivre, faisait de l'art, qui le charmait. Narcisse Vermillon, décorateur aux yeux de tous, était, pour ses amis seulement, un peintre charmant, spirituel, original. Il excellait dans la reproduction des animaux. Il connaissait leurs mœurs, leur physionomie, leur structure, et, comme La Fontaine, le fabuliste, il se plaisait à les faire parler entre eux, — sur la toile s'entend. Aussi le petit réduit où Narcisse Vermillon venait se reposer de ses grands travaux était-il encombré d'animaux empaillés et même d'animaux vivants qui lui servaient de modèles. Des chauves-souris étaient piquées sur les murs à côté d'écureuils au poil roux et de têtes de cerfs aux longues ramures. A la fenêtre, large et haute, des serins vivants chantaient dans des cages dorées; un corbeau de la grande espèce, nommé Philosophe, se promenait en liberté, taquinant souvent un Ara rouge qui lui donnait des coups de bec. Des chats, prenaient des poses de sphinx sur tous les coussins; sous les meubles on ne voyait que des nez de chiens, et un gros singe qu'il avait appelé Théodore faisait, avec force grimaces, la police de cet atelier-ménagerie.

Le tableau commencé par Narcisse Vermillon avait pour sujet : *Le Singe qui montre la lanterne magique.* L'auditoire était presque terminé. On voyait, dans des poses diverses, une foule d'animaux attentifs devant l'instrument merveilleux. Au premier rang, une poule était accoudée, entourée de ses poussins; à côté, des canards tendaient le cou pour mieux voir; puis une tortue sortait la tête de sa carapace; derrière étaient placés des oiseaux plus grands : une cigogne, des flamants roses, un pélican, une autruche; puis venaient les quadrupèdes, chiens, chevaux, ânes; et dans le fond, les animaux féroces, tels que lions, tigres et chacals, se dissimulaient dans la pénombre. Sur le premier plan, à droite, se dressait la lanterne magique, qui envoyait dans le fond, sur une draperie blanche, sa vive clarté; et derrière l'instrument d'optique, un grand singe, pour lequel avait posé Théodore, était debout et semblait expliquer les images, d'un air important.

L'ensemble du tableau était saisissant, mais un peu noir, car la clarté du reflet de la lanterne doublait forcément l'obscurité dans laquelle devait être plongé l'auditoire. Le personnage important était évidemment le singe; mais son pelage gris verdâtre était peu lumineux. Narcisse Vermillon avait longtemps cherché à corriger cette faute de composition sans pouvoir y parvenir, quand l'incident de la représentation de l'Hôtel de Bourgogne vint lui offrir, par le plus grand des hasards, le moyen de se tirer d'embarras. Il résolut d'habiller son singe, et cela avec le fameux habit bleu d'azur.

Nous avons vu comment il se l'était procuré.

Le lendemain donc de cette fameuse représentation des *Mœurs du jour*, Narcisse s'installa dans son atelier et se mit en devoir d'habiller Théodore avec l'habit du marquis Turlurette.

Ce ne fut pas une opération facile. Théodore était récalcitrant; mais, à l'aide de quelques coups de cravache, mélangés de pralines consolatrices, Théodore comprit que le mieux qu'il avait à faire était de se soumettre et d'endosser l'habit bleu d'azur.

Le tableau changea tout à coup de physionomie, et Narcisse Vermillon le termina rapidement. Il trouva même à le vendre avantageusement.

Mais Théodore, pendant les séances de pose, avait pris l'habitude de son nouveau costume. Quand le tableau fut achevé, il ne voulut à aucun prix se laisser enlever son habit, si bien que Narcisse dut se résoudre à le lui laisser.

Un jour que le peintre était sorti, le propriétaire frappa à la porte de l'atelier; et comme on ne répondait pas, il se décida à entrer.

Il vit alors devant une toile qu'il couvrait de couleurs diverses un personnage en habit bleu d'azur qui ne se leva même pas pour le recevoir.

Les propriétaires aiment les égards, surtout quand on leur doit trois termes, et Narcisse, insouciant comme tous les artistes, ne songeait jamais à payer ses dettes. En voyant l'indifférence et le manque d'égards de celui qu'il prenait pour son locataire, il sentit la moutarde lui monter au nez et haussa la voix.

« Monsieur Vermillon, dit-il, je comprends toutes les préoccupations que vous cause votre peinture, mais il me semble que vous pourriez bien vous apercevoir de ma présence. Vous me devez trois termes, je ne puis attendre plus longtemps, et je viens vous demander de l'argent. »

Théodore, très occupé, car il goûtait les couleurs avant de les écraser sur la toile, ne répondait pas, comme bien vous pensez.

« M'entendez-vous? Monsieur Vermillon, continuait le propriétaire.

Je viens chercher de l'argent et ne partirai pas sans en avoir obtenu. »

Le singe buvait de l'huile.

« Ah! mais, Monsieur Vermillon, ce silence est insolent! répondez-moi, je vous prie; êtes-vous sourd? »

Et en disant ces mots, le propriétaire mit la main sur l'épaule de Théodore.

Le singe le poursuivit, un balai à la main.

Le singe se retourna en colère. En voyant cette figure étrange, le propriétaire jeta un grand cri d'effroi et voulut s'enfuir; mais le singe le poursuivit, un balai à la main.

Ce fut une chasse insensée; le malheureux propriétaire se dissimulait derrière les châssis, grimpait sur les meubles, se glissait sous les draperies, et Théodore, dérangé dans sa dégustation d'huile, le suivait de près et lui donnait des coups de balai en faisant des grimaces affreuses. Enfin l'infortuné put trouver la porte et se sauver.

Le soir même, Narcisse Vermillon avait son congé ainsi libellé :

« Attendu que le sieur Narcisse Vermillon, peintre décorateur, mon locataire, me doit trois termes ;

« Attendu que, m'étant présenté chez lui, il n'a répondu à toutes mes réclamations que par un silence obstiné, feignant d'être absorbé par son travail ;

« Attendu que, joignant l'astuce au mauvais vouloir, il s'est couvert la figure d'un masque hideux pour me causer de l'effroi, et, n'ayant que trop réussi, il m'a poursuivi à coups de balai, espérant ainsi liquider sa dette sans bourse délier ;

« Donnons congé au sieur Narcisse Vermillon, lui enjoignant de quitter notre immeuble dans les vingt-quatre heures, après toutefois nous avoir payé ses trois termes échus, plus le terme courant, et fait à ses frais les réparations locatives, s'il y en a.

« Signé : Duracuire, propriétaire. »

En recevant cette missive, Narcisse Vermillon n'y comprit absolument rien ; mais après avoir vu les dégâts causés par Théodore, sa toile barbouillée, son huile répandue, ses brosses dispersées, il devina aisément que son singe était la cause de ce malentendu.

Impossible de se disculper ; le propriétaire, peu intelligent, n'eût pas été facile à persuader ; d'ailleurs, il eût été humiliant pour lui de convenir qu'il avait pris un singe pour un homme ; le peintre fut donc vite consolé ; mais, craignant que Théodore ne recommençât ailleurs de semblables exploits, il lui donna une telle tripotée que la pauvre bête resta sur le carreau.

Narcisse l'empailla et reprit son habit bleu d'azur. Et comme cette guenille, cause de tout le mal, lui était devenue odieuse, en déménageant il en fit cadeau à son portier.

V

UNE GRANDE DÉCOUVERTE

LE PORTIER EST TAILLEUR D'HABITS

C'est ce qui se lisait sur un petit écriteau accroché à la porte de l'ancienne demeure de Narcisse Vermillon.

Les portiers aiment le cumul. Peut-être en ont-ils besoin ; toutefois, il est à remarquer qu'ils soignent beaucoup plus leur métier que la maison qui leur est confiée : l'escalier peut être malpropre, l'éclairage insuffisant, le service des lettres et paquets négligé : ils s'en moquent comme de Colin-Tampon ! En revanche, ils apportent un soin infini aux obligations professionnelles ; le cordonnier rafistole avec art, le tailleur raccommode avec soin, le commissionnaire — il y en a — est toujours dehors, et le cireur de chambres est toujours dedans.

Ducordon, le portier de Narcisse, était tailleur. Nul mieux que lui ne savait faire les reprises invisibles. C'était à donner envie de déchirer son vêtement pour le lui faire raccommoder. Quand il reçut en don l'habit bleu d'azur, il le vérifia de fond en comble pour voir s'il n'aurait pas l'occasion d'y faire une reprise perdue, — simple préoccupation d'artiste ! — Mais l'habit, si râpé qu'il fût, était de bonne étoffe. Il avait résisté aux gestes du marquis, aux efforts de Casimir, aux négligences du marchand d'habits, aux dégingandages du comédien et aux fantaisies de Théodore. Il était vieux, mais il était bon.

Il le mit donc, plié avec soin, comme fait tout bon tailleur, dans un morceau de lustrine noire, que dans leur profession ils appellent une *toilette*, et le serra dans le fond d'une armoire. Il y serait encore vraisemblablement sans une circonstance irrémédiable et naturelle qui l'en fit violemment sortir.

Ducordon mourut.

Oui, nous regrettons beaucoup d'avoir à signaler encore un nouveau décès dans cette histoire véridique, mais enfin nous ne pouvons passer sous silence cet accident funèbre, d'autant plus qu'il concourt directement au dénouement de notre récit.

Ducordon mourut un beau matin, sans dire gare. De quoi? nous n'en savons rien. Sans doute parce qu'il était à la fin de ses jours dans les décrets de la Providence.

Il n'avait qu'un enfant, ce brave portier, mais tailleur comme lui.

Bien entendu, il hérita de son père.

Si Ducordon père n'était guère intéressant, — et pourquoi l'aurait-il été? — Ducordon fils mérite en revanche quelques lignes de présentation.

Il avait trente ans, était marié et père d'un bel enfant âgé de trois ans à cette époque. Très laborieux, il travaillait nuit et jour pour nourrir sa petite famille, et trouvait encore moyen de donner quelques douceurs à son vieux père.

Quand Ducordon père fut mort, le fils fit l'inventaire du modeste héritage qui lui revenait. Il compta les morceaux de drap, les doublures, les vêtements démodés, rapiécés, incomplets, qui se trouvaient là, puis enfin il mit la main sur l'habit bleu d'azur enveloppé dans un morceau de lustrine noire.

Ce patrimoine était bien maigre.

Or, un soir que le pauvre tailleur, qui n'avait pas d'ouvrage, s'était assis devant le feu à côté de sa femme en tenant son petit enfant sur ses genoux, on frappa doucement à la porte.

La femme alla ouvrir.

Elle aperçut alors un petit pauvre tout en guenilles, presque nu, qui grelottait en tendant la main.

« D'où viens-tu? qui es-tu? que veux-tu?

— J'ai faim, » répondit l'enfant.

« Prends ces ciseaux et découds les coutures. »

Elle le fit entrer, l'approcha du feu, lui donna une miche de pain, et, quand sa faim fut apaisée, ne put résister au désir de l'interroger.

« Quel âge as-tu, mon enfant?

— J'ai sept ans, Madame, je viens de bien loin. Je n'ai plus de mère, et mon père, qui est vieux et triste, m'a conduit tantôt sur un pont; puis il m'a embrassé en pleurant et m'a dit : « Ferme les

« yeux. » J'ai fait ce qu'il voulait, et quand je les ai rouverts, je n'ai plus vu mon papa. J'ai marché, demandé où il était, on ne le connaissait pas ; alors, la nuit étant venue, j'ai frappé à une porte, et c'est vous qui m'avez ouvert.

— Et qui allons te garder. N'est-ce pas, femme ? dit le jeune tailleur ; nous ne sommes pas riches ; mais si les pauvres ne se soutenaient pas entre eux, qui donc les soutiendrait ? Écoute, garçon : tu as l'air intelligent, je t'apprendrai mon métier.

— Oh ! je veux bien, Monsieur.

— Voilà ton petit frère qui dort sur mes genoux ; tu l'aimeras bien ?

— Oui, Monsieur.

— Si je te dis tout cela, mon pauvre enfant, c'est que je crains fort que tu ne revoies plus jamais ton père, car il est parti bien loin.

— Pourquoi ne m'a-t-il pas emmené ?

— Plus tard ! plus tard tu le rejoindras ; en attendant, mon garçon, tu ne peux pas rester ainsi, avec ces guenilles ; nous allons te confectionner un petit vêtement. Je vais coucher l'enfant ; et comme je n'ai rien à faire ce soir, hélas ! je vais m'occuper de toi.

— Mais, dit la femme, où trouveras-tu de l'étoffe ?

— Et ce vieil habit bleu d'azur, répondit le tailleur, nous allons le découdre ; l'enfant sera charmant comme tout quand je l'aurai mis à sa taille. Tiens, garçon, voilà l'habit, prend ces ciseaux et défais les coutures. Tu commenceras ton apprentissage. »

Là-dessus, le tailleur alla coucher son petit enfant, pendant que la femme déployait l'habit du marquis Turlurette.

Le petit pauvre se mit à la besogne, d'abord maladroitement, puis avec plus d'adresse ; cela l'amusait.

Tout à coup, il jeta un cri joyeux :

« Oh ! le beau bouton d'or ! » fit-il.

La femme leva les yeux.

« De l'or ! oui, de l'or ! mais ce n'est pas un bouton, c'est une pièce d'or ! Dis donc, mon homme, viens voir ! »

Le tailleur accourut. Il fut stupéfait tout d'abord de cette étrange découverte, et, saisissant l'habit, il le décousit fiévreusement.

C'était bien un trésor, en effet. Chaque bouton était un beau louis d'or, et de toutes les doublures de l'habit sortaient des papiers, un peu chiffonnés il est vrai, mais qui n'avaient point perdu de leur valeur. C'était toute une fortune, et une fortune légitimement acquise, car au milieu des paperasses se trouvait ce singulier testament :

« *Pendant ma vie, j'ai essayé de faire le bien; je n'ai trouvé que*

V.-A. Poirson

des ingrats ou des égoïstes. C'est à la Providence que je remets le soin de distribuer mes bienfaits. Elle aura sans doute plus de discernement que moi.

« *Je lègue donc, en toute propriété, toutes les richesses que contient mon habit bleu d'azur à celui qui saura les y trouver.*

« Signé : Marquis TURLURETTE. »

Le tailleur faillit se trouver mal de joie, et, embrassant le petit garçon :

« C'est à toi que je dois cela, dit-il ; tu ne nous quitteras plus jamais ; je ferai ta part dans ce trésor, et tu nous aimeras bien, n'est-ce pas ? »

L'enfant ouvrit de grands yeux sans comprendre.

« Vois, dit la femme à son mari, un bienfait a toujours sa récompense ! »

La Providence, en effet, avait été intelligente. Ni Casimir, ce valet ingrat, ni le marchand d'habits cupide, ni le comédien vaniteux, ni l'auteur famélique, ni le peintre frivole, n'avaient mérité ce trésor.

Seul, le tailleur bienfaisant l'avait vraiment gagné.

Et c'est par cette morale que nous terminerons les aventures de l'habit bleu d'azur du marquis Turlurette.

FIN DE L'HABIT BLEU D'AZUR DU MARQUIS TURLURETTE

LES
ESCARPINS MERVEILLEUX

LES ESCARPINS MERVEILLEUX

A MONSIEUR MAX DELAGRAVE

I

Au moment où le carillon de la Samaritaine sonnait midi, on entendait un tout
aussi bruyant carillon dans l'étude de maître Lemplumé, procureur au Châtelet, lequel demeurait sur le quai des Orfèvres.

C'était l'heure du repas des clercs. Ils
étaient là cinq petits bandits, aux doigts
tachés d'encre, aux frimousses effrontées,
qui, au dernier coup de midi, quittaient
l'étude en se bousculant, riant, criant,
gesticulant et se faisant les niches les plus
bouffonnes.

Le plus jeune des cinq clercs avait douze

ans; il s'appelait Nicole et était haut comme une botte; mais pour la malice il n'avait pas son pareil.

Le plus âgé avait dix-huit ans ; c'était un grand dadais, timide, naïf et peureux, qui était le souffre-douleur des quatre autres. Dans l'étude, il remplissait les fonctions de saute-ruisseau, c'est-à-dire qu'il faisait les commissions. C'était lui qui portait les procédures au Palais ou chez les confrères du procureur, sans compter que les autres clercs ne se gênaient pas pour lui faire faire les courses les plus inutiles. Il s'appelait Vestris.

C'était un grand nom pour un si mince personnage ; car Vestris était un fameux danseur de l'Opéra, mais un danseur comme on n'en avait jamais vu. Il disait lui-même qu'il était si léger que, lorsqu'il battait un entrechat, il avait toujours peur de ne pas redescendre à terre.

Vestris, le saute-ruisseau de maître Lemplumé, était, paraît-il, un arrière-petit-neveu du célèbre danseur. Mais il n'en était pas plus fier pour cela.

Nicole lui faisait des farces indignes. Tantôt, quand il devait se rendre au Palais, il lui attachait un grelot dans le dos; d'autres fois, il lui glissait des grenouilles dans la poche, ce qui causait une peur effroyable au malheureux Vestris. Un jour qu'il rentrait exténué et qu'il faisait une pluie battante, il l'envoya chercher, chez le greffier du tribunal, un des plateaux de la balance de la justice. Le greffier, croyant qu'il se moquait de lui, le renvoya après lui avoir administré une correction.

Mais Vestris ne se plaignit pas ; il revint en disant que le greffier l'avait battu et qu'il ne savait pas pourquoi. Le pauvre garçon, du reste, ne connaissait ni son origine ni sa famille. Maître Lemplumé le gardait par charité. Il le couchait dans le grenier et le faisait manger à la cuisine. De temps en temps il héritait d'une vieille culotte rapiécée ou d'une paire de souliers beaucoup trop grands et toujours troués.

II

Sur ces entrefaites, Vestris, le célèbre danseur, vint à mourir. Cela fit un grand bruit dans le monde des théâtres de l'époque. Et comme maître Lemplumé avait la clientèle des comédiennes de l'Opéra, toujours en procès avec leurs fournisseurs, cette nouvelle fut connue aussitôt des jeunes clercs.

Nicole, toujours en quête de malices nouvelles, conçut le projet de mystifier encore le saute-ruisseau.

Midi venait donc de sonner, et Vestris se dirigeait déjà vers la cuisine, où on allait lui donner sa pitance journalière, quand Nicole l'arrêta et, d'un air mystérieux, lui dit :

« As-tu reçu ta part d'héritage ?

— Quel héritage ? répondit le clerc.

— Mais tu dois bien le savoir ! Ton grand-oncle Vestris est mort ! Il faut te faire inscrire. Tu auras beaucoup d'argent.

— Inscrire, où ça ?

— Mais à l'Opéra, parbleu ! Tu vas aller à l'Opéra, tu diras que tu es le neveu de Vestris et que tu viens pour hériter. Alors on te fera entrer, tu essuieras bien tes chaussures, parce que tu les as toujours sales ; et puis on te demandera ton nom, ton prénom, ton âge ; tu répondras à tout, entends-tu ?

— Oui, je répondrai à tout ; après ?

— Après, on te demandera si tu sais danser. Tu diras oui.

— Mais je ne sais pas !

— Ça ne fait rien ! On te dira même de danser un petit pas.

— Mais puisque je ne sais pas danser.

— Tu danseras tout de même ! Après quoi on te fera signer un papier, tu le signeras, et on te donnera beaucoup d'argent. Va !

— Mais je n'ai pas dîné ; j'ai faim !

— Imbécile ! Il s'agit bien de dîner quand tu vas hériter de toute une fortune. Va donc ! » Et il poussa dehors Vestris, qui se dirigea du côté de l'Opéra de toute la longueur de ses jambes.

Quand il fut parti, Nicole se hâta d'aller raconter la bonne farce qu'il venait de faire aux trois autres clercs, qui mangeaient du pain et des pommes dans la cour. Cela mit ces mauvais sujets dans une telle gaieté qu'on les entendait rire jusque dans la rue, et que la cuisinière sortit de sa cuisine en demandant ce qu'ils avaient.

« C'est Vestris, répondit Nicole, Vestris qui est allé hériter.

— Jésus, mon Dieu ! hériter de quoi ? Le malheureux en aurait grand besoin, en effet ! Il faut qu'il soit devenu fou pour aller ainsi courir après des héritages, au lieu de manger sa soupe. Elle va être toute froide.

— Ah ! dit Nicole, vous pouvez nous la donner; il ne la mangera point, il me l'a dit.

— Petits gourmands ! » murmura la cuisinière, qui alla chercher la soupe et la distribua aux quatre clercs.

Et tout en mangeant la soupe de Vestris, les rires recommencèrent de plus belle. Ils firent même un tel vacarme, que le procureur passa sa tête à la fenêtre du premier étage.

« Qu'avez-vous donc à rire ainsi ? s'écria-t-il.

— Nous rions de Vestris, répondit Nicole. Il est allé à l'Opéra pour recueillir la succession de son oncle, et nous l'attendons en mangeant sa soupe.

— Hériter, malepeste ! s'écria le procureur; voici un clerc bien ambitieux. Quand il reviendra, vous me l'enverrez ! »

Et le vieux procureur, ayant humé une prise de tabac, rentra sa tête dans l'appartement, non sans accrocher sa perruque en refermant la fenêtre.

III

Cependant, avec ses longues jambes, Vestris n'avait pas mis long-temps à se rendre à l'Opéra.

Avant d'entrer, il hésita, car il pensa que sa démarche était peut-être bien téméraire. En effet, il n'avait jamais vu l'illustre danseur, ni sa femme, ni ses enfants, ni ses autres parents; il savait seulement qu'il portait le même nom que lui et que, par conséquent, il pouvait bien être de la même famille.

Ayant donc essuyé ses pieds pendant un bon quart d'heure, il frappa à la porte du théâtre.

Le portier vint lui ouvrir :

« Que désirez-vous, mon ami ? »

Mon ami! On n'avait jamais dit ce mot-là au saute-ruisseau; cela l'encouragea.

« Je viens pour l'héritage de M. Vestris, l'illustre danseur, dont je suis le petit-neveu.

— Ah ! vous êtes le neveu de Vestris! Suivez-moi. »

Le portier le fit alors passer par un corridor tout noir, éclairé faiblement par des lanternes; puis ils trouvèrent un escalier étroit, qui les conduisit dans une salle immense, toute remplie d'énormes poutres, de cordes, de grands paravents peints, de machines de toutes sortes, dont le plafond était perdu dans l'obscurité et le plancher percé d'un nombre incalculable de trous, de trappes; autant d'abîmes qu'il fallait éviter.

Pendant cette excursion, Vestris pensait que Nicole ne s'était pas moqué de lui, cette fois, et qu'il fallait suivre ses indications à la lettre jusqu'au bout.

Après avoir traversé la scène, — car c'était la scène du théâtre sur laquelle ils se trouvaient, — ils franchirent une porte et se trouvèrent dans une antichambre dans laquelle il faisait clair.

Le portier lui dit alors :

« Attendez-moi là, je vais prévenir M. le directeur. »

Et il passa dans la chambre voisine.

Vestris s'était assis; il regardait avec curiosité les murs couverts de portraits de beaux seigneurs et de belles dames, qui brillaient dans de grands cadres dorés, au bas desquels se trouvait un nom. Tout à coup, il se leva et s'approcha vivement d'un tableau sous lequel il avait lu celui de Vestris.

« C'est mon oncle ! » se dit-il, et il resta en contemplation devant cet illustre parent dont il allait hériter. De temps en temps, il se touchait le nez et le menton comme pour se rendre compte qu'il avait un peu des traits du défunt.

Le portier vint le déranger dans son travail de comparaison en lui disant :

« Vous pouvez entrer, M. le directeur vous attend. »

Le directeur était un gros homme, à l'œil brillant, au nez enluminé, et à triple menton, mais un triple menton comme on en voit peu, qui avait réellement trois étages et qui se reposait mollement sur un jabot de dentelles précieuses.

Comme il avait un menton proéminent, le directeur avait un ventre en proportion. Ce ventre, il est vrai, n'avait pas trois étages, mais le seul qu'il avait en valait bien trois. Les jambes étaient courtes, mais les mollets étaient fournis; il fallait, d'ailleurs, de semblables colonnes pour soutenir un si gros corps. Ses bras étaient courts aussi et ter-

« C'est mon oncle, » se dit-il...

minés par une dizaine de petits boudins qu'il faisait passer pour ses
doigts, et qui étaient couverts de bagues de grand prix.

A côté de lui se trouvaient deux ou trois jeunes seigneurs, qui s'esclaffaient de rire en causant avec une belle dame, laquelle était une comédienne, ou une chanteuse... ou une danseuse... on ne sait pas.

Quand, au nom de Vestris, on vit entrer ce grand dadais avec son grand corps maigre, sa démarche embarrassée, ses vêtements râpés et

Le directeur était un gros homme...

ses souliers gigantesques, qui faisaient couac ! couac ! sur le parquet, comme un crapaud quand il saute, le rire devint général, et la belle dame s'en donna tellement, qu'on fut obligé d'aller lui chercher un verre d'eau sucrée avec un soupçon d'eau de fleur d'oranger, pour la calmer un peu.

La crise passée, le gros directeur dit à Vestris :

« Vous voyez, nous sommes très gais, et voici pourquoi : nous avons perdu notre premier danseur, que nous remplacerons difficilement, si nous le remplaçons jamais, et notre joie éclate en voyant que vous venez vous proposer pour tenir sa place. »

Évidemment c'était de l'ironie, mais le saute-ruisseau ne s'en aperçut pas.

« Donc, continua le directeur, vous vous appelez Vestris ?

— Oui, Monsieur.

— Quel est votre prénom ?

— Je ne sais pas ! Papa m'appelait Cadet !

— Oh ! charmant ! s'écria la belle dame. Voilà donc Vestris Cadet ! »

Et elle se mit à rire tellement qu'en portant son verre à sa bouche on craignit qu'elle ne l'avalât.

« Quel âge avez-vous ?

— Dix-huit ans.

— Bien. Savez-vous danser ?

— Oui, Monsieur !

— Voulez-vous nous danser un petit pas ?

— Je le veux bien ! »

Et déjà il se mettait en position pour danser, quand la belle dame lui dit :

« Mais vous ne pourrez jamais danser avec vos gros souliers ; il faut mettre des escarpins !

— C'est juste, dit le directeur ; tenez, là, à droite, sur cette tablette, prenez ceux de votre oncle. »

Vestris fit ce que l'on désirait et chaussa les escarpins. Mais à peine eut-il mis cette chaussure légère, à laquelle il n'était pas habitué, qu'il se sentit tout transfiguré. Lui, si lourd et si maladroit d'habitude, était devenu tout à coup léger et gracieux ; et comme, à ce moment, un jeune seigneur avait tiré une pochette de son habit et s'était mis à jouer une gavotte, Vestris s'élança en arrondissant les bras au-dessus de sa tête, le pied gauche en avant, et exécuta avec une habileté et une rapidité surprenantes une collection de pas de zéphir, de jetés-battus, de dégagements et de pirouettes telles que jamais son oncle, de mémoire d'amateur, n'avait su en faire autant.

Après la gavotte, il dansa un menuet; après le menuet, une sarabande, et ses admirateurs, gagnés par cette fougue insensée, se levèrent malgré eux, pour ainsi dire, et se mirent à danser avec lui.

Le directeur, qui était gros, comme vous savez, ne put pas continuer

Ses admirateurs se mirent à danser avec lui...

la danse; il y renonça le premier et se laissa tomber exténué et tout en nage sur un fauteuil, en s'écriant :

« Assez ! assez ! c'est trop ! C'est une fortune ! C'est admirable ! mon Cadet ! mon fils ! Dans mes bras ! dans mes bras ! Viens signer ton engagement. »

La pochette s'arrêta, et Vestris, qui ne semblait pas du tout fatigué, vint, en faisant un entrechat, embrasser son directeur.

Celui-ci lui fit un engagement splendide, et lui donna même, séance tenante, un gros sac d'écus, pour qu'il pût se vêtir convenablement.

Alors Vestris ôta ses escarpins, qu'il mit dans sa poche par mégarde, et reprit ses gros souliers; puis, ayant gauchement salué la société, il sortit en promettant de revenir le lendemain.

« Qui se douterait qu'une si grossière enveloppe cache un si beau talent! s'écria le directeur.

— Et comme il dissimule bien! dit la belle dame, écoutez! » En effet, on entendait dans les escaliers les gros souliers du saute-ruisseau qui faisaient couac! couac! comme un crapaud quand il saute.

IV

Cependant les clercs s'étaient remis au travail et Nicole, ne voyant pas revenir Vestris, commençait à être inquiet.

« Qu'est-il arrivé ? se demandait-il ; on l'a battu sans doute, ou bien on l'a mis en prison. Il n'a pas mangé, il doit mourir de faim ! Définitivement la farce est trop forte ! »

Au fond, Nicole n'avait pas mauvais cœur : mais au fond, tout au fond seulement, car il était enchanté quand Vestris attrapait des horions.

Tout à coup, il s'écria :

« Le voici ! »

L'escalier résonnait sous les immenses souliers de Vestris.

« Couac ! couac ! couac ! C'est lui ! »

Et Nicole ouvrit la porte. C'était bien réellement Vestris, qui arrivait avec ses escarpins dans sa poche et son sac d'argent à la main.

« C'est toi ! Que t'est-il donc arrivé ?

— Tout ce que tu m'avais dit. Je me suis présenté, j'ai dit mon nom, mon prénom, mon âge. On m'a fait danser.

— Et tu as dansé ?

— Et j'ai dansé très bien. Alors on m'a fait signer un papier et on m'a donné ce sac d'argent.

— C'est incroyable !

— Pourquoi cela, puisque tu me l'avais dit ?

— Imbécile, c'est précisément parce que je te l'avais dit que c'est incroyable. Mais où as-tu appris à danser !

— Je n'ai pas appris. Je sais cela tout seul.

— Ah ! par exemple !

— Et demain je retournerai encore à l'Opéra, parce que je dois danser bientôt dans le nouveau ballet.

— Dans le nouveau ballet ! Vestris, tu mens.

— Moi, non ! Veux-tu voir comme je danse ?

— Ah ! oui, par exemple !

— Oui ! oui ! crièrent les autres clercs. Vestris, danse-nous un pas.

— Attendez ! je vais mettre mes escarpins, et vous allez voir. »

Là-dessus, voilà Vestris qui ôte ses souliers et chausse ses escarpins et, sans musique, sans pochette, se met à battre les entrechats les plus légers et fait les pirouettes les plus vertigineuses !

Les clercs, stupéfaits, étaient montés sur les tables pour lui faire de la place et battaient la mesure avec leurs mains.

Ce bruit singulier dans une étude attira le procureur, qui apparut à la porte de son cabinet. Mais Vestris ne s'arrêta pas ; il précipita même le mouvement et fit des gestes gracieux avec ses bras : tantôt il mettait les mains sur son cœur, tantôt il envoyait des baisers à des êtres imaginaires.

Pour ne pas le déranger, le procureur, lui aussi, était monté sur une chaise ; bientôt sa femme vint se placer près de lui ; la cuisinière elle-même, étonnée de ce tapage, monta, tenant encore une casserole à la main, et Vestris dansait toujours.

Il dansa deux heures durant. Et encore il ne cessa pas volontairement.

Le procureur, qui, dans son admiration, tapait du pied sur sa chaise, avait fini par la crever et, manquant d'équilibre, était tombé par terre, en entraînant sa femme, appuyée sur lui. Les clercs s'étaient

précipités pour les relever, et la cuisinière s'était emparée de Vestris
en lui disant de cesser, que c'était de sa faute si tout le monde était
fou dans la maison.

Il dansa deux heures durant...

Comme bien vous pensez, le procureur ne pardonna pas au saute-
ruisseau de l'avoir rendu ridicule ; il se releva furieux, la perruque de
travers, et, d'une main se frottant les reins, il montra de l'autre la
porte à Vestris en lui disant :

« Sortez, Monsieur, nous n'avons pas besoin de danseurs ici ! »

10

V

Vestris se consola d'autant mieux d'avoir perdu sa place qu'il en avait une meilleure à l'Opéra.

Tous les jours il allait aux répétitions et faisait l'admiration de ses camarades.

Enfin arriva le jour des débuts. On mit son nom sur l'affiche en grosses lettres et on annonça le fameux ballet *le Triomphe d'Apollon* dans toutes les gazettes de Paris. On lui avait fait faire un superbe costume. Il avait les cheveux en or ; sa cuirasse était d'azur, et son casque en argent ciselé, avec des panaches blancs et roses. La salle de l'Opéra était comble. La ville et la cour s'y trouvaient. On s'attendait à un succès immense. Le Directeur avait fait de grands frais : toutes les décorations étaient neuves, et il y avait une apothéose qui représentait Apollon sur son char, traîné par quatre chevaux blancs véritables.

Comme vous le pensez bien, c'était Vestris qui faisait Apollon. C'était donc un double triomphe qu'on lui préparait.

Le soir venu, Vestris s'habilla ; il mit sa perruque d'or, son casque, sa cuirasse et des brodequins légers, faits exprès pour lui et qui lui allaient comme un gant.

Malgré cela, il les trouvait lourds, incommodes, mais il n'osait rien en dire. Enfin le spectacle commença.

Vestris n'entrait en scène qu'au milieu du premier acte. On attendait son entrée avec impatience. Quand il parut, un long frémissement courut dans la salle. C'était d'un bon augure. Il n'avait d'abord à

On lui avait fait faire un superbe costume.

faire qu'une pantomime insignifiante, il s'en acquitta suffisamment; pourtant on ne reconnut pas dans ses gestes le danseur de race; on l'attendit au ballet.

Quand le ballet arriva et que ce fut son tour de franchir la scène en trois bonds, effet qu'on lui avait ménagé pour poser de suite sa légèreté dans le public, Vestris, mourant de peur, prit son élan dans la coulisse; mais, au lieu de faire des bonds gracieux, il se mit à courir de toutes ses forces tout autour du théâtre, et finit par tomber dans l'orchestre, sur une timbale, qu'il creva; puis, ahuri, effrayé, il s'élança

Il se mit à courir de toutes ses forces.

de nouveau sur la scène, recommença sa course vertigineuse, et enfin se précipita dans le trou du souffleur !

Tumulte immense dans la salle !

La scène fut jonchée de pommes cuites. On demanda Vestris; on voulut qu'il fît des excuses; mais on le chercha en vain, et le directeur dut faire des excuses pour lui.

VI

Le lendemain, à l'heure du déjeuner, Vestris se présentait chez maître Lemplumé et lui demandait pardon.

Maître Lemplumé n'était pas un mauvais homme; il avait oublié sa colère en faisant rempailler sa chaise; et comme il avait été la veille à l'Opéra, il connaissait déjà l'aventure de Vestris.

« Mais enfin, lui dit-il, tu dansais si bien auparavant, — car je t'ai vu danser, — comment cela se fait-il ?

— Hélas ! répondit Vestris, c'est que j'avais aux pieds les escarpins de mon oncle, et qu'hier on m'en avait donné d'autres.

— Eh bien, c'est une leçon, mon ami; reprends ta place à l'étude et souviens-toi qu'il ne faut jamais marcher dans les souliers d'autrui. Ça porte malheur ! »

Vestris ne comprit pas; mais vous, mes petits amis, vous savez bien ce que cela veut dire : c'est qu'on peut hériter d'un grand nom, mais qu'on n'hérite pas du talent.

FIN DES ESCARPINS MERVEILLEUX

LE PROCÈS DE POLICHINELLE

PERSONNAGES

LE JUGE.
LE GREFFIER.
LE PROCUREUR.
MAITRE BREDOUILLARD.
LE CHEF DU JURY.
POLICHINELLE, *accusé.*
PANDORE.
LA MÈRE MICHEL.
MÉLANGETOUT.
LE DOCTEUR RABIBOCHON, } *Témoins.*

LE
PROCÈS DE POLICHINELLE

A MONSIEUR CHARLES FONTAINE

SCÈNE PREMIÈRE

LE JUGE, sur son estrade ;
POLICHINELLE, à son banc, à gauche.

LE JUGE.

Accusé, levez-vous ! (Polichinelle se lève.)
Votre nom ?

POLICHINELLE.

Polichinelle.

LE JUGE.

Polichinelle tout court ?

POLICHINELLE.

Polichinelle tout court ! tout rond ! tout bossu !

LE JUGE.

Où êtes-vous né ?

POLICHINELLE.

Je suis né farceur !

LE JUGE.

Je le sais bien ! farceur et méchant ! Mais dans quelle ville ?

POLICHINELLE.

Oh ! je suis un peu de partout ! Ma famille est très nombreuse. Je ne connais pas tous mes parents ; il y a tant de Polichinelles dans le monde.

LE JUGE.

Bien ! bien ! Nous vous connaissons aussi bien que vous ! Et nous allons vous le prouver tout à l'heure... Asseyez-vous !

POLICHINELLE.

Je ne suis pas fatigué !

LE JUGE.

Ça ne fait rien, asseyez-vous tout de même.

(Polichinelle s'assied.)

Greffier, lisez l'acte d'accusation !

SCÈNE II

LES MÊMES ; LE GREFFIER, l'acte d'accusation à la main.

LE GREFFIER.

Le 3 septembre, vers cinq heures du matin, un vacarme épouvantable se faisait entendre au numéro 9 de la rue Cloche-Percée. C'était au sixième étage, dans le logement occupé par le sieur Polichinelle, sa femme et ses enfants. Toute la maison fut bien vite sur pied ; le père Mélangetout, marchand de vins, qui habite le rez-de-chaussée,

alla chercher le commissaire ; pendant ce temps, la mère Michel, qui
loge au cinquième, essayait de forcer la porte du sieur Polichinelle
et criait : « Au secours ! » Bientôt le commissaire arriva avec un gendarme, qui enfonça la porte, et l'on vit alors un spectacle terrifiant.
Le sieur Polichinelle, un bâton à la main, assommait sa femme ; ses

Polichinelle assommait sa femme.

petits enfants, au nombre de six, étaient à genoux à ses pieds et
criaient : « Papa ! papa ! grâce pour maman ! » Le misérable allait
déjà donner le coup de grâce quand, heureusement pour la victime,
le commissaire terrassa l'assassin. Le gendarme lui mit les menottes
et l'emmena en prison.

Tout cela ne fut pas sans peine. Polichinelle, en effet, rendu furieux
par cette intervention imprévue, battit le commissaire et le gendarme,
sans aucun respect pour l'autorité. — D'après les renseignements

qui ont été pris pendant le cours de l'instruction, Polichinelle est
ivrogne, paresseux, batailleur et même voleur ; car la paresse conduit
à tout. Une locataire de la maison, la mère Michel, avait un chat
qu'elle adorait ; ce chat disparut un jour, et l'on soupçonna fort Poli-

Polichinelle battit le commissaire...

chinelle de l'avoir volé et mangé. On l'accuse aussi d'avoir dévalisé
des boutiques de charcutiers, car il est très gourmand. Comme il
aime à boire, il a beaucoup de dettes chez les marchands de vins,
entre autres chez le père Mélangetout, débitant, qui est son propriétaire. La justice ne peut laisser impuni un semblable malfaiteur. Il va
lui rendre compte de ses crimes et en recevoir le châtiment.

(Le greffier salue et sort.)

SCÈNE III

LE JUGE, POLICHINELLE.

LE JUGE.

Vous avez entendu votre acte d'accusation. Qu'avez-vous à répondre?

POLICHINELLE.

J'ai bien soif, Monsieur le président.

LE JUGE.

Donnez un verre d'eau au prévenu.

POLICHINELLE.

Non! non! pas d'eau! Ça m'est défendu par le médecin.

LE JUGE.

Vous n'aurez rien autre chose à boire.

POLICHINELLE.

Alors je n'ai plus soif.

LE JUGE.

Voyons, répondez; vous avez battu votre femme.

POLICHINELLE.

J'en ai bien le droit!

LE JUGE.

Du tout! vous n'avez le droit de battre personne, et surtout votre femme, qui est bonne, qui vous aime et qui vous gâte trop. — Enfin, pourquoi l'avez-vous battue?

POLICHINELLE.

Pour m'amuser.

LE JUGE.

Comment! pour vous amuser? — Singulier plaisir!

POLICHINELLE.

Dame! Elle faisait : Oh! là là! oh! là là! ça m'amusait!

LE JUGE.

Mais ça ne l'amusait pas, elle!

POLICHINELLE.

Je ne pense pas ! mais c'est égal, c'était drôle !

LE JUGE.

Et quel spectacle vous donniez à vos enfants !

POLICHINELLE.

C'est singulier ! ils ne riaient pas !... ils sont sans doute trop petits.

LE JUGE.

Taisez-vous ! Vous êtes un sans-cœur ! Vous aviez bu certainement.

POLICHINELLE.

Un peu ! Que voulez-vous ? j'ai toujours soif.

LE JUGE.

Oui, vous buvez pour passer le temps, car vous ne travaillez pas.

POLICHINELLE.

Si on peut dire ! Moi !... fainéant ! Il n'y a pas d'homme plus occupé que moi !

LE JUGE.

Enfin, que faites-vous ?

POLICHINELLE.

Je fais comme vous, Monsieur le président, je fais de la justice ! C'est moi qui arrange les différends, qui répare les torts de la société, qui raccommode les ennemis et règle les affaires d'honneur.

LE JUGE.

Je ne connaissais pas cette profession-là.

POLICHINELLE.

Ainsi tenez, le matin, je vais au cabaret pour me donner du cœur à l'ouvrage ; il y a toujours là des amis ; on boit en causant. Il y en a un, par exemple, qui est d'une opinion, l'autre d'une autre ; on se chamaille, kiss ! kiss ! c'est charmant ! Quelquefois l'on se bat ; c'est plus gai encore ! Alors, moi, je suis là ; je dis à l'un : « T'as raison ; » à l'autre : « T'as pas tort ; » puis je les calme, je les raccommode ; ils me payent chacun une tournée, moi je ne paye pas la mienne. Ils recommencent à payer, et moi à boire, et vous voyez que, dès le matin, alors que bien d'autres sont encore couchés, moi, j'ai déjà fait un travail qui m'a rapporté.

LE JUGE.

Oui, qui vous a rapporté à boire; mais cela ne rapporte rien à la maison.

« Je cherche à prendre le chat pour le caresser. »

POLICHINELLE.

La maison ! c'est l'affaire de ma femme ! Elle travaille aussi, elle, mais pas lourd, — pas comme moi.

LE JUGE.

N'insultez pas votre femme ! C'est une laborieuse ! Elle seule nourrit vos six enfants ! — Nous entendrons les témoins. — Et le chat de la mère Michel?... vous l'avez volé, n'est-il pas vrai ?

POLICHINELLE,

Ah! ça, ça n'est pas ma faute!

LE JUGE.

Comment cela?

POLICHINELLE.

Je vas vous dire comment ça s'est fait. — Ma femme était sortie et les enfants étaient à l'école. J'étais seul à la maison; et comme je ne puis pas rester à rien faire, je m'étais mis à allumer le fourneau. Puis, machinalement, j'avais mis sur le feu une casserole, et dans la casserole du bouillon, du vin blanc, des petits oignons, du sel, du poivre, du thym, du persil, de la ciboule, etc.; ma porte était entr'ouverte. Voilà le chat de la mère Michel qui entre. « Tiens! je dis, si c'était un lapin, avec le ragoût que je fais, ça ferait une gibelotte! » Il fait miaou! Je crois qu'il me dit oui! « Alors tu es aussi bon qu'un lapin? que je lui dis. — Miaou! qu'il fait, c'est-à-dire oui! — Ah! voyons donc! » Je cherche à le prendre pour le caresser, il veut s'échapper; mais malheureusement je tenais bon, et il s'est étranglé tout seul. Alors je fus désolé; je le pris, je le caressai, ah! ouiche! il ne bougeait plus. Comment faire? il fallait le cacher! Je lui enlevai sa peau, que je vendis plus tard, et quant au corps, je le coupai par morceaux et je le mis dans la casserole. Je l'ai mangé: il était très bon! Mais vrai! s'il n'était pas venu, je ne serais pas allé le chercher.

LE JUGE.

Messieurs les jurés apprécieront votre explication.

POLICHINELLE.

Oh! c'est la pure vérité.

LE JUGE.

Niez-vous aussi avoir dévalisé des charcutiers?

POLICHINELLE.

Une fois, une fois seulement. Comme je n'avais pas de monnaie sur moi et que je soupçonnais que le charcutier n'en avait pas non plus,

j'ai emprunté un jambon et un morceau de lard; mais, quand j'aurai
de la monnaie, je le payerai.

LE JUGE.

Et vos dettes chez le marchand de vins, les payerez-vous?

POLICHINELLE.

Quand je pourrai. — Vous comprenez, vous me mettez en prison;
je ne peux pas travailler!

LE JUGE.

C'est bien. Nous allons entendre les témoins!

POLICHINELLE.

C'est bien inutile, allez, je vous ai dit la vérité.

LE JUGE.

Faites entrer le gendarme Pandore.

SCÈNE IV

LES MÊMES, PANDORE.

LE JUGE.

Faites votre déposition.

PANDORE.

Voilà, mon juge, sauf votre respect. — Le commissaire me dit :
« Pandore, vous allez venir avec moi; il y a une bataille dans le quartier. » Moi je réponds : « Sufficit! » C'est du latin; ça veut dire : C'est
bien, j'y vais! Alors que je l'accompagne; c'était dans les prix de
cinq heures du matin, peut-être plus, peut-être moins, je n'en répon-
drais pas; mais enfin ce n'en était pas loin. — Nous arrivâmes dans
la maison de Monsieur. (Il désigne Polichinelle.) Nous trouvâmes la porte
fermée; nous frappâmes : on ne nous répondit pas; nous enfonçâmes
la porte et nous trouvâmes Monsieur en train de donner une raclée à
sa femme. Nous nous précipitâmes pour les séparer : mais Monsieur
fit résistance, il se jeta sur nous, et nous attrapâmes une véritable

11

tripotée de coups de bâton. — Nous le domptâmes, l'attachâmes et le menâmes à la prison! Voilà, sauf votre respect, tout ce que je sais!

LE JUGE.

C'est suffisant!

POLICHINELLE.

Mais pas du tout, mon président, ce n'est pas suffisant! Le gendarme ne vous dit pas que je lui ai dit : « Laissez-moi tranquillement faire mes petites affaires; autrement vous allez étrenner! » Vous comprenez, il était prévenu; et s'il a attrapé une tripotée, c'est qu'il l'a bien voulu.

PANDORE.

Monsieur en effet nous a avertis; mais ce n'est qu'après nous avoir battus.

LE JUGE.

Il suffit, gendarme; vous pouvez vous retirer; nous allons entendre un autre témoin. (Pandore sort.) — Faites entrer la mère Michel.

SCÈNE V

LE JUGE, POLICHINELLE, LA MÈRE MICHEL.

LE JUGE.

Faites votre déposition, ma brave femme.

LA MÈRE MICHEL.

Ah! mon bon juge! mon pauvre minet m'a déjà causé tant de tracas dans ma vie que vraiment je ne sais pas si je pourrai vous en parler sans verser des larmes. Défunt Michel, mon mari, qui était apothicaire, lui avait donné un joli nom : Hippocrate! — Hippocrate, mon bon juge, avait toutes les vertus. Il était doux, câlin, il faisait toujours ronron quand on le caressait; quand il jouait avec ma pelote de coton, lorsque je raccommodais mes bas, c'était vraiment un spectacle des plus comiques! Or, un beau matin, ne le voyant pas rôder autour de moi, je me dis : « Bien sûr, il lui est arrivé quelque chose. »

Je cherche partout, j'appelle : « Hippocrate! Hippocrate! Mon petit Hippocrate chéri! » Ah! bien oui! Il ne répond pas! C'était ce mauvais garnement qui l'avait pris et qui l'avait tué pour le manger. Ah! je ne m'en consolerai jamais. (Elle pleure.)

POLICHINELLE.

Mauvais garnement! Eh! dites donc, la mère Michel, est-ce que je vous dis des sottises, moi?

LE JUGE.

Taisez-vous! N'insultez pas à la douleur!

LA MÈRE MICHEL.

Depuis, j'ai acheté une tabatière, parce que j'ai tant pleuré que ça m'a ruiné les yeux, et que le tabac éclaircit la vue; mais ça ne peut pas me consoler de la mort d'Hippocrate.

POLICHINELLE.

Tout ça, c'est pour me faire condamner! Vous ne dites pas ce que je vous ai offert pour vous indemniser de la perte de votre chat.

LA MÈRE MICHEL.

Vous ne m'avez rien offert du tout!

POLICHINELLE.

Pardon, je vous ai offert un perroquet.

LA MÈRE MICHEL.

Il était empaillé! Moi, il me faut des animaux vivants, à cause de mon cœur, qui est sensible! Ah! mon Hippocrate chéri! Qui te remplacera jamais? (Elle sanglote.)

LE JUGE.

Calmez-vous, ma brave dame, calmez-vous! Je vous remercie de votre déposition; vous pouvez vous retirer. (La mère Michel sort en pleurant.) Vous voyez, Polichinelle, quelles larmes vous faites répandre!

POLICHINELLE.

C'est une pleurnicheuse!

LE JUGE.

Assez! Faites entrer le témoin Mélangetout.

SCÈNE VI

LE JUGE, POLICHINELLE, MÉLANGETOUT.

LE JUGE.

C'est vous qui êtes le propriétaire de Polichinelle?

MÉLANGETOUT.

Pour mon malheur, Monsieur le président! Il me doit quinze termes, le sacripant! Je le ménageais à cause de sa femme, qui est si malheureuse avec ses six enfants, car lui n'est guère intéressant.

LE JUGE.

Mais pourquoi continuiez-vous à lui donnez à boire?

MÉLANGETOUT.

C'était le seul moyen de le calmer ; il ameutait tout le quartier et détournait les pratiques ! Ah ! le brigand ! il me coûtait cher ! Ce qu'il buvait, on n'en a pas d'idée ! il avait toujours soif ! Tenez, j'ai là sa note du mois de septembre ; il a été arrêté le 3 au matin ; ça ne fait donc que deux jours ; eh bien ! le 1ᵉʳ, il avait déjà pris, à son compte, dix litres avant déjeuner, sans compter ce qu'on lui avait offert ; l'après-midi il en but quatorze, et le soir vingt-cinq. — En tout quarante-neuf litres. Le 2, il alla jusqu'à cinquante ! Je ne sais pas comment il peut supporter tout cela !

POLICHINELLE.

Vous n'avez pas de tempérament, vous autres ! Et puis, ce qu'il ne vous dit pas, c'est que son vin est baptisé, et qu'il faut en boire joliment pour se donner une petite pointe.

LE JUGE, au témoin.

Vous baptisez votre vin?

MÉLANGETOUT.

Du tout, mon juge, mon vin est naturel ; si vous voulez, après l'au-

dience, me faire l'amitié de trinquer avec moi, vous verrez que c'est
du pur et du bon ! Du raisin écrasé, voilà tout !

LE JUGE.

Merci, vous pouvez vous retirer.

MÉLANGETOUT.

Excusez, la compagnie, j'ai bien l'honneur !

(Il sort en saluant.)

LE JUGE.

Madame Polichinelle, trop malade encore pour se présenter devant
la cour, a envoyé sa déposition. Messieurs les jurés la connaissent. Mais
nous allons entendre le médecin qui l'a soignée. Faites entrer le docteur Rabibochon.

SCÈNE VII

LE JUGE, POLICHINELLE, LE DOCTEUR RABIBOCHON.

LE JUGE.

Veuillez, je vous prie, Monsieur le docteur, nous donner des détails
sur les blessures qu'a reçues Madame Polichinelle et qui lui ont occa-
sionné une incapacité de travail de plus de vingt jours.

LE DOCTEUR RABIBOCHON.

Lorsque j'ai visité Madame Polichinelle, elle était dans un état
pitoyable. La clavicule gauche était couverte d'ecchymoses. Elle se
plaignait de grandes douleurs dans la région thoracique.

POLICHINELLE.

Tous ces grands mots-là ne signifient rien ! Ma femme est douil-
lette, voilà tout ! Je lui ai donné une tripotée amicale ! Elle en a reçu
bien d'autres, et ça ne lui a rien fait ! Tout le quartier sait bien qu'elle
y est habituée.

LE JUGE.

Nous prenons acte de votre déclaration.

POLICHINELLE.

Prenez tout ce que vous voudrez ; vous ne prendrez pas grand'-chose.

LE JUGE, au docteur.

Avec quel instrument pensez-vous que ces blessures aient été faites?

POLICHINELLE.

Parbleu, avec un bâton !

LE JUGE.

Je ne vous parle pas ; je parle au docteur.

LE DOCTEUR RABIBOCHON.

D'après la nature des blessures, et après avoir fait de nombreuses expériences, je puis affirmer que l'instrument dont on s'est servi est d'une certaine longueur, rond et résistant ; s'il eût été en fer, il eût broyé les membres. Or, comme ils ont été seulement contusionnés, je crois pouvoir dire qu'il était en bois ou en toute autre matière possédant une élasticité relative. Je ne serais pas étonné que le prévenu se fût servi d'un bâton.

LE JUGE.

C'est très exact! La science s'accorde avec la vérité. Monsieur le docteur expert, vous pouvez vous retirer.

(Le docteur Rabibochon sort.)

SCÈNE VIII

LE JUGE, POLICHINELLE, LE PROCUREUR.

LE JUGE.

Nous allons commencer les plaidoiries ; la parole est au ministère public.

LE PROCUREUR, à la tribune.

« Frappe, mais écoute ! » Oui, écoute, Polichinelle, ce que je vais te dire, car tu as frappé et tu vas subir le châtiment que tu as mérité.

Ton âme est laide comme ton corps. Tu as tous les vices de l'humanité, et ton cœur est sec comme la branche d'un arbre mort! Messieurs, à quoi bon vous raconter de nouveau la vie criminelle de cet homme? Vous venez de l'entendre! Il ne nie rien! Au contraire, il se fait gloire de ses forfaits! Et, de même que, dans un jardin, l'horticulteur s'empresse d'arracher les herbes parasites, les plantes vénéneuses qui nuisent aux autres, de même la société doit extirper de son sein les membres malfaisants qui la paralysent et la corrompent. Je demande pour ce criminel le châtiment suprême!

(Il sort.)

POLICHINELLE.

Excusez! Rien que ça!

LE JUGE.

Taisez-vous! La parole est au défenseur du prévenu, maître Bredouillard.

SCÈNE IX

LE JUGE, POLICHINELLE, MAITRE BREDOUILLARD.

MAÎTRE BREDOUILLARD, à la tribune de gauche.

Messieurs, je n'ai pas l'intention de prendre la parole pendant longtemps : la cause est si simple que je la crois gagnée d'avance, et, malgré les conclusions sévères de Monsieur le procureur général, je suis certain que vous allez être tous de mon avis. Qu'a fait Polichinelle?— Il a battu sa femme, ceci est un fait acquis, le prévenu ne le nie pas. Mais il l'a battue chez lui, les portes fermées. C'était une scène intime qui ne gênait personne, qui ne troublait pas la tranquillité publique. On a entendu des cris, me direz-vous? C'est vrai; mais qui criait? Ce n'était pas Polichinelle, mais bien sa femme, qui, dans un but facile à comprendre, cherchait à ameuter le quartier. Maintenant, ce à quoi il faut s'arrêter, c'est au mobile qui a guidé Polichinelle dans l'acte qu'il a commis. Pourquoi a-t-il battu sa femme? Est-ce pour la corriger? Non! elle n'avait rien fait pour cela. Est-ce pour

lui faire mal? Non! mon client n'est pas méchant! C'était pour s'amuser! c'était parce qu'elle disait : Oh! là là!, oh! là là! quand il la
battait et que ces interjections lui paraissaient drôles! C'était, non
pas un acte de colère, mais bien un acte de joie! Il était heureux de
ces cris bizarres! Est-ce que, par hasard, la gaieté doit être exclue
de notre pays? N'est-ce pas, au contraire, un signe de la prospérité
publique de voir le citoyen se réjouir en famille? Et la liberté? Vous
n'y songez pas, à la liberté! La liberté individuelle!—La liberté du
mari! La liberté du père de famille! La liberté de la bonne humeur,
de la gaieté! Ah! Messieurs, ne touchons pas à cela! Dans un état
libre, le citoyen doit être libre aussi; dans un état gai, le citoyen
doit être gai! Du reste, Polichinelle est bossu, et l'on sait que les
bossus n'engendrent pas la mélancolie! Passons maintenant au chat
de la mère Michel. — Je viens de vous parler, Messieurs, de la gaieté
des bossus; je vais vous entretenir de la mélancolie des chats. Oui,
Messieurs, le chat est mélancolique. On voit cet animal se complaire
dans la nuit et dormir tout le long du jour; son œil est plein de tristesse! De son côté, la mère Michel n'était pas bien gaie non plus : elle
était veuve et vivait solitaire. Qui vous dit que cette tristesse qui enve-
loppait l'existence de ce chat ne l'ait pas poussé à un acte de désespoir?
Oui, Messieurs, de désespoir! Et tout me prouve qu'en venant trouver
Polichinelle ce chat venait se suicider! Et quel suicide plus doux
pour un chat! Une casserole brûlante, pleine de bouillon et de vin
blanc avec des petits oignons, du persil, du thym, du laurier! C'est
là dedans qu'il voulait mourir! Il avait été aimé pendant sa vie, il
voulait être apprécié après sa mort! Et il a réussi, Messieurs! Car
Polichinelle, qui l'a mangé, a trouvé qu'il était excellent! — Parlerai-
je maintenant des dettes de Polichinelle? Des dettes! Qui n'en a pas?
— Rendez donc mon client à la société, afin qu'il s'acquitte au plus
vite et qu'il continue à répandre autour de lui cette gaieté communi-
cative qui ne l'a jamais quitté, même sur le banc des accusés!

                                           (Maître Bredouillard sort.)

SCÈNE X

LE JUGE, POLICHINELLE

LE JUGE.

Je vais maintenant résumer l'affaire en deux mots. Je prie Messieurs les jurés de me prêter toute leur attention. — Polichinelle a battu sa femme, Polichinelle a mangé le chat de la mère Michel, Polichinelle doit être puni. Vous n'avez, Messieurs les jurés, qu'à répondre à ces deux questions : 1° Polichinelle a-t-il battu sa femme ? 2° Polichinelle a-t-il mangé le chat de la mère Michel ?

(Le juge se lève et sort.)

SCÈNE XI

POLICHINELLE, seul.

Parbleu ! en posant la question comme cela, je suis bien sûr d'être condamné ! C'est égal, je meurs de soif ! Ah ! si j'avais là une bonne petite bouteille, comme je lui ferais les doux yeux ! Mais non, il faut tirer la langue !

UNE VOIX DANS LA COULISSE.

Messieurs ! la cour !

SCÈNE XII

POLICHINELLE, LE JUGE, LE CHEF DU JURY.

LE CHEF DU JURY.

Sur mon honneur et ma conscience, la réponse sur la première question est : Oui, Polichinelle a battu sa femme ; et sur la seconde : Oui, Polichinelle a mangé le chat de la mère Michel. (Il se retire.)

LE JUGE, se levant.

En vertu de l'article 3647 du Code pénal, Polichinelle est condamné à la peine de mort !

POLICHINELLE.

Je demande à faire mon temps dans une maison de santé.

LE JUGE.

L'audience est levée.

(Rideau.)

AVANT LA FÊTE

PERSONNAGES

M. DE LA GRANDPAPARDIÈRE.
ROSINE, sa petite fille.
MARIETTE, sa servante.
JOSEPH, son domestique.

AVANT LA FÊTE

A MADEMOISELLE CHARLOTTE BERTHELOT

SCÈNE PREMIÈRE

M. DE LA GRANDPAPARDIÈRE, MARIETTE.

M. DE LA GRANDPAPARDIÈRE.

Mariette ! écoute-moi, mon enfant ; approche-toi de moi… là… bien !
Je donne ce soir un bal d'enfants, une fête pour mes neveux, mes
nièces et tous mes petits-enfants. Tu vas préparer le salon et avertir

tous mes fournisseurs. Je veux qu'on saute, qu'on danse, qu'on rie et qu'on s'amuse. Va, ma fille.

MARIETTE, s'éloignant.

Oui, Monsieur de la Grandpapardière !

M. DE LA GRANDPAPARDIÈRE, la rappelant.

Ah ! avertis le pâtissier !

MARIETTE, revenant.

Oui, Monsieur de la Grandpapardi... (Elle s'éloigne.)

M. DE LA GRANDPAPARDIÈRE, même jeu.

Ah ! avertis le tapissier !

MARIETTE, même jeu.

Oui, Monsieur de la Grandpapa... (Elle s'éloigne.)

M. DE LA GRANDPAPARDIÈRE, même jeu.

Avertis le professeur de musique !

MARIETTE, même jeu.

Oui, Monsieur de la Grandpa...

M. DE LA GRANDPAPARDIÈRE, même jeu.

Avertis le cordonnier !

MARIETTE, même jeu.

Oui, Monsieur de la Grand...

M. DE LA GRANDPAPARDIÈRE, même jeu.

Dis à Joseph de venir.

MARIETTE, même jeu.

Oui, Monsieur de la...

M. DE LA GRANDPAPARDIÈRE, même jeu.

Et maintenant va au diable !

MARIETTE, même jeu.

Oui, Monsieur ! (Elle sort.)

SCÈNE II

M. DE LA GRANDPAPARDIÈRE, seul.

Cette servante est d'une innocence qui me ravit, mais qui parfois est désagréable. Ainsi, hier, je lui dis : « Mariette, fais-moi cuire un œuf à la coque. Tiens, voilà ma montre; au bout de cinq minutes, tu retireras l'œuf de l'eau bouillante. — Oui, Monsieur, » me dit-elle. — Qu'est-ce qu'elle fait ? Au bout de cinq minutes elle me rapporte bien l'œuf, qui était excellent; je lui dis alors : « Rends-moi ma montre ! — Votre montre, Monsieur, répond-elle, elle est encore dans l'eau; vous ne m'avez pas dit de la retirer ! — On n'est pas plus innocente que cela ! — Voici Joseph !

SCÈNE III

M. DE LA GRANDPAPARDIÈRE, JOSEPH.

JOSEPH, entre en pleurant et saute au cou de son maître.

Ah ! Monsieur ! ah ! Monsieur ! quel malheur !

M. DE LA GRANDPAPARDIÈRE.

Voyons ! voyons ! laisse-moi ! Qu'as-tu, imbécile ?

JOSEPH, même jeu.

Ah ! mon bon maître ! quel malheur !

M. DE LA GRANDPAPARDIÈRE.

Veux-tu bien me laisser ! Voyons ! as-tu fait les commissions que je t'ai données !

JOSEPH, pleurant.

Ah ! Monsieur ! quelle aventure ! Vous m'aviez dit d'acheter un gâteau, n'est-ce pas ? Eh bien, hier, j'avais acheté le gâteau et l'avais mis dans le garde-manger. Pendant la nuit les souris ont mangé le gâteau... Je veux retrouver les souris... Impossible ! le chat les avait

mangées!... Alors je me dis : « Comment faire ? » Là-dessus, Baptiste m'invite ce matin à déjeuner. J'accepte. Il y avait une gibelotte... je ne vous dis que cela! Je la dévore! Eh bien, Monsieur,
voilà où est mon malheur! Je viens d'apprendre que le lapin que j'ai
mangé était le chat. Or, comme le chat avait mangé les souris et que
les souris avaient mangé le gâteau, il se trouve que c'est moi qui
ai mangé le gâteau; je prie Monsieur de me pardonner!

M. DE LA GRANDPAPARDIÈRE.

Mon garçon, j'ai une domestique qui s'appelle Mariette, qui est
bête comme un pot; tu m'entends bien?

JOSEPH.

Comme un pot, oui, Monsieur !

M. DE LA GRANDPAPARDIÈRE.

Eh bien, tu es encore plus bête qu'elle !

JOSEPH.

Plus bête qu'elle, oui, Monsieur. Alors Monsieur m'augmente ?

M. DE LA GRANDPAPARDIÈRE.

Tiens! tiens! mais tu n'es pas si bête que je croyais! Voyons, fais
le salon et dépêche-toi; quant à moi, je vais voir si ma petite-fille
est prête. (Il sort.)

<h2 style="text-align:center">SCÈNE IV</h2>

JOSEPH, seul.

C'est un bon maître! Il me couchera sur son testament! Voyons, y
a-t-il quelque chose à boire par ici? Oh! c'est étonnant comme on a
soif quand on n'a pas bu! Oui, j'aperçois sur cette table un verre et
un flacon! Ça doit être bien bon. Voyons! (Il s'approche de la table, prend le
flacon et se verse à boire; puis il prend le verre, qu'il porte à sa bouche.) Je vais avaler
tout d'un coup! (Il pose le verre.) Oh! que ça chauffe! Ça sent bon,
mais ça chauffe! Je ne connais pas cette liqueur-là, mais ça chauffe!
Broum! broum! mon estomac! Qu'est-ce que c'est? Si c'était du poi-

son ! Saperlotte ! J'aurais dû lire auparavant l'étiquette. Oh ! aïe ! aïe !... Voyons !... Oh ! mais je n'y vois plus !... et puis je ne sais pas lire ! Mais, je le vois bien, c'est de *la* poison ! J'ai la colique ! Oh ! aïe ! aïe ! Je suis empoisonné ! Je cours chez le pharmacien ! Oh ! aïe ! aïe ! Ça me brûle ! ça me brûle ! Je suis empoisonné ! (Il court autour de la scène en criant et sort.)

SCÈNE V

M. DE LA GRANDPAPARDIÈRE, ROSINE.

M. DE LA GRANDPAPARDIÈRE.

Eh bien, mon enfant, as-tu pris ta leçon de danse ? Es-tu prête ?

ROSINE.

Oui, bon papa, je suis bien forte, allez ! et si vous saviez danser, je vous montrerais ce que je sais faire.

M. DE LA GRANDPAPARDIÈRE.

Mais, ma petite Rosine, je sais danser, et je serais peut-être bien aussi léger que toi.

ROSINE.

Oh ! ça, je ne crois pas !

M. DE LA GRANDPAPARDIÈRE.

Veux-tu essayer ?

ROSINE.

Oui ! Une polka, grand-papa ! (Ils dansent la polka.)

M. DE LA GRANDPAPARDIÈRE.

Ouf ! Je n'en peux plus ! Danser comme cela à mon âge ! Je vois que tu t'amuseras bien ce soir; mais il faut que je sache si tu as travaillé. Sais-tu tes leçons ?

ROSINE.

Oh ! bon papa, vous pouvez m'interroger !

M. DE LA GRANDPAPARDIÈRE.

Commençons par la géographie. Qu'est-ce qu'une mer ?

12

ROSINE, avec malice.

Une mère, c'est celle qui vous donne de la confiture et de belles poupées quand on a été sage, et qu'on embrasse bien, qu'on caresse bien et qu'on aime de tout son cœur... comme son bon papa !

M. DE LA GRANDPAPARDIÈRE.

La petite futée qui se moque de son grand-père !... Enfin, la réponse est juste ! Et en orthographe, es-tu forte ? Connais-tu la ponctuation ? Qu'est-ce qu'un point ?

ROSINE, lui donnant un coup de poing.

Un poing ? Voilà !

M. DE LA GRANDPAPARDIÈRE.

Comment, tu bats ton grand-père ?

ROSINE.

Oh ! c'est pour rire !

M. DE LA GRANDPAPARDIÈRE.

Allons ! je vois que tu n'es pas en train de travailler. Nous reprendrons cela plus tard. Va jouer, mon enfant, et ne te salis pas !

ROSINE.

Non, bon papa ! (Elle sort.)

SCÈNE VI

M. DE LA GRANDPAPARDIÈRE, puis MARIETTE.

M. DE LA GRANDPAPARDIÈRE.

Cette petite espiègle se moquait de moi !.. Ah ! voici Mariette ! Eh bien, Mariette, as-tu fait toutes tes courses ?

MARIETTE.

Oui, Monsieur !

M. DE LA GRANDPAPARDIÈRE.

Tu as été chez le pâtissier ?

MARIETTE.

Le pâtisser mariait sa fille, Monsieur; et pendant qu'ils étaient à la noce tous les gâteaux ont brûlé, de sorte que nous n'en aurons pas !

M. DE LA GRANDPAPARDIÈRE.

Comment allons-nous faire ? Et le cordonnier, lui as-tu dit d'apporter mes souliers ?

MARIETTE.

Monsieur, le cordonnier s'est fait arracher une dent ; et comme la dent tenait fort, on lui a arraché la tête avec, si bien que, comme il n'a plus de tête, il ne peut pas y voir pour faire vos souliers.

M. DE LA GRANDPAPARDIÈRE.

C'est incroyable !... Et le musicien ?

MARIETTE.

Le musicien a une indigestion ! Hier, c'était la Sainte-Cécile, la fête des musiciens ; ils se sont donné un banquet où il y avait des beignets : il en a trop mangé, si bien qu'il lui en est resté une douzaine sur l'estomac.

M. DE LA GRANDPAPARDIÈRE.

Comment faire ? comment faire ? Au moins tu as vu le tapissier ?

MARIETTE.

Le tapissier ? Le tapissier avait un serin, Monsieur !...

M. DE LA GRANDPAPARDIÈRE.

Insolente !...

MARIETTE.

Son serin s'est envolé ; il a voulu le rattraper, il a couru après ; et comme le serin s'en allait du côté de la mer, le tapissier s'est embarqué, et maintenant il doit être sur la route des Grandes-Indes !

M. DE LA GRANDPAPARDIÈRE.

Alors, ne perdons pas de temps, voilà l'heure qui approche ; dis à Joseph de m'aider à débarrasser le salon.

MARIETTE.

Oui, Monsieur. (Elle sort.)

SCÈNE VII

M. DE LA GRANDPAPARDIÈRE, puis JOSEPH.

M. DE LA GRANDPAPARDIÈRE.

Il faut que je m'en mêle, sans quoi rien ne sera prêt pour l'arrivée de ma nombreuse famille.

JOSEPH, entrant, à part.

Le pharmacien a dit que ce n'était rien ! — Ce que j'ai bu, c'était de l'eau de Cologne ! J'ai l'estomac tout parfumé ! — Voyons ! pour faire oublier cela, je vas me mettre à travailler un peu. (Il aperçoit son maître.) Oh ! Monsieur !

M. DE LA GRANDPAPARDIÈRE.

Ah ! te voilà ! Allons ! imite-moi ; j'enlève toujours cette chaise. Il prend une chaise et la porte dehors; Joseph le suit.)

JOSEPH, rentrant en rapportant la chaise.

Voilà une chaise qui était dans l'antichambre; mettons-la à sa place.

M. DE LA GRANDPAPARDIÈRE, rentrant.

Et ce fauteuil ! ôtons-le. (Il emporte le fauteuil; Joseph le suit.)

JOSEPH, rentrant en rapportant le fauteuil.

Qui donc avait enlevé le fauteuil ?

M. DE LA GRANDPAPARDIÈRE, rentrant.

Ah ! çà, qui donc rapporte ce que j'enlève ?

JOSEPH.

Qui est-ce qui vient donc déranger mon salon ?

M. DE LA GRANDPAPARDIÈRE.

Ah ! c'est toi, Joseph ! Veux-tu bien enlever tout cela, misérable !

JOSEPH.

Mais, Monsieur !

M. DE LA GRANDPAPARDIÈRE.

Allons! obéis! (Ils ôtent la chaise et le fauteuil.) Maintenant, aide-moi à enlever la table. (Ils enlèvent tous deux la table.) Bien! Et puis, va t'habiller, maintenant.

JOSEPH.

Oui, Monsieur! (Il sort.)

SCÈNE VIII

M. DE LA GRANDPAPARDIÈRE, seul.

(On entend un bruit de sonnette.) Bon! voilà tous mes petits-enfants qui arrivent! et je ne suis pas encore habillé! — Joseph! Mariette! allez ouvrir! Bon! personne ne répond, comme d'habitude! Je vais y aller moi-même!

FIN DE AVANT LA FÊTE

LES BONBONS

DU PÈRE LOCAMUS

I

LES ANIMAUX DE BARNABÉ

La pharmacie du père Locamus était située à Bruges, non
loin du beffroi et de la halle, qui
est entourée d'une foule de petites rues malpropres, toujours
humides et sombres, et dans
lesquelles s'agite une population
de marchands de légumes, de
poissons, de viandes, de fruits
et de gibier.

A l'angle de ces deux rues

étroites, la pharmacie présentait ses trois façades, devant lesquelles, le soir surtout, le populaire s'arrêtait.

Et savez-vous pourquoi? C'est que le père Locamus était un véritable artiste. Non pas un artiste peintre, ni sculpteur, ni musicien; il n'était pas non plus artiste pédicure, ni capillaire, ni même dentiste, car l'art se met partout. Il était tout bonnement artiste pharmacien.

C'est-à-dire qu'aucune montre de boutique n'était disposée comme la sienne. Il avait, dans de grands bocaux, des serpents énormes et des vers étranges et mystérieux; ici, des plantes à feuillage persistant étalaient leur verdure dans des vases de forme étrange; là, dans de grands récipients de cristal, mille objets variés et de destination inconnue se déroulaient comme des couleuvres ou se hérissaient menaçants. Au-dessus de la porte d'entrée, on voyait, sculptée dans un panneau de chêne peint, une allégorie ingénieuse : deux serpents, sans doute venimeux, venaient jeter leur poison dans une coupe antique autour de laquelle ils s'enroulaient. — Les savants du voisinage expliquaient cela en disant que c'était la Maladie qui s'inclinait devant la Médecine.

Aussi la pharmacie était-elle très fréquentée et le père Locamus très considéré dans le quartier.

Il n'en était pas de même de Barnabé, son premier commis; — il n'en avait qu'un! Barnabé avait vingt-deux ans. C'était un grand garçon, rouge de teint et de cheveux, très naïf et très étourdi; de bonne conduite d'ailleurs, ne sortant jamais, faisant consciencieusement son ouvrage, mais d'une maladresse inouïe : ce qui est un vice déplorable dans le métier de pharmacien. Il avait en outre d'autres défauts qu'il faut bien vous signaler : il était gourmand, et adorait les animaux.

La gourmandise lui avait déjà joué bien des tours; l'habitude qu'il avait prise de goûter toutes les drogues qu'il préparait avait failli lui coûter cher; quant à son amour pour les animaux, cela était passé à l'état chronique. Sa chambre était une véritable ménagerie : il avait

là un lapin, des poules, une tortue, des cochons d'Inde et une grenouille.

La grenouille était la favorite : il l'emportait avec lui dans la boutique ; et quand les pratiques étaient parties, il la posait sur le
comptoir.

Le pharmacien laissa tomber son bocal et s'évanouit.

Le père Locamus avait beau crier, rien n'y faisait.

Le jour même où commence cette histoire, Barnabé avait été
envoyé en course : il devait porter une potion chez le procureur et
une boîte chez le tapissier de la couronne ; le père Locamus était
donc resté seul dans sa pharmacie. Il s'y promenait en maître, d'un
air fier, comme un homme qui connaît sa valeur, lorsqu'une vieille
dame, fort émue, car elle venait de manquer d'être écrasée, entra

précipitamment dans l'officine et, avant d'avoir pu dire un mot, se
laissa glisser sur une chaise et tomba en syncope. Le pharmacien
s'empressa près d'elle; il défit ses vêtements, lui frappa dans les
mains, lui frotta les tempes avec du vinaigre, et, n'ayant pas d'eau ordinaire, il prit son bocal d'eau distillée, dont il voulut l'asperger. Mais
à peine eut-il soulevé le couvercle qu'une grenouille s'élança dehors et
sauta sur la dame malade, à qui elle fit reprendre ses sens. Stupéfait,
le pharmacien laissa tomber son bocal et s'évanouit. La dame, qui
ne comprenait rien à ce coup de scène, s'empressa près du pharmacien, qui revint bien vite à lui et, honteux de sa faiblesse, la re-
mercia pendant qu'elle le remerciait à son tour. Ces remerciements
réciproques eussent pu durer longtemps si Barnabé ne fût rentré à ce
moment.

« Ah! ma grenouille! » s'écria-t-il, en s'emparant du batracien,
qui était resté sur l'épaule de la dame.

Ce fut sa condamnation. — Dès que la dame fut partie, le père
Locamus dit à Barnabé :

« Monsieur Barnabé !

— Monsieur Locamus !

— Maintes et maintes fois, je vous ai prié de vous séparer de votre
ménagerie. Votre chambre est une véritable étable, qui sent horri-
blement mauvais : vos animaux y sont d'ailleurs fort mal installés et
complètement inutiles; vos poules ne pondent point; votre lapin ne
sait pas même battre du tambour, comme ceux que l'on voit dans
les foires; vos cochons d'Inde se grattent sans cesse le nez et crient
comme des portes rouillées; votre tortue se donne des indigestions de
salade et va se terrer tout l'hiver dans le pot où je plante mes jacin-
thes, ce qui les empêche de pousser; et enfin votre grenouille, par
son amour pour l'eau claire et par ses entrechats vertigineux, vient de
mettre toute mon officine en désarroi. — C'est assez!... c'est trop!

— Il faut en finir, en finir tout de suite : ou vous allez vous séparer
de vos animaux, ou vous allez sortir de chez moi. Choisissez !

— Me séparer de mes animaux! s'écria Barnabé, jamais! Monsieur Locamus, j'aime mieux mourir!

— Eh bien, j'en suis fâché pour vous, mais vous allez quitter ma maison à l'instant même. »

En disant ces mots, le père Locamus avait pris une pose majestueuse, et son bras tendu indiquait la porte au pauvre Barnabé.

II

LE RÉVERBÈRE ET LA STATUE

Il remonta bien triste dans sa chambre, le pauvre apprenti pharmacien ; mais son parti était pris ; il fit son paquet en pleurant ; —
toute sa garde-robe tenait dans un mouchoir ; pour ses animaux, il
les mit dans un panier, tous ensemble, — ceux-ci se connaissaient
assez pour faire bon ménage, — et, après avoir jeté un dernier regard
autour de sa mansarde pour voir s'il n'oubliait rien, il redescendit
lentement.

En passant par le laboratoire, il se demanda s'il ne devait pas dire
adieu à son patron ; mais, ayant aperçu des bonbons nouvellement
fabriqués qui séchaient sur le fourneau, la gourmandise l'emporta
sur la politesse ; il en prit une poignée et gagna la porte sans plus de
façons.

Où aller ? il n'en savait rien ; mais à vingt ans on va devant soi.
Il s'engagea donc dans les petites rues qui avoisinaient la pharmacie, grignotant, en guise de souper, les bonbons qu'il avait volés en
partant. Pendant ce temps la nuit était venue. Il y avait déjà une
heure qu'il rôdait de rue en rue, sans but, sans idées, le cœur plein
de tristesse et se lamentant tout haut, quand il s'assit au pied d'un
réverbère en s'écriant :

« Y a-t-il quelqu'un plus malheureux que moi ?

— Sans doute ! répondit une voix étrange, il y a moi. »

Barnabé tourna la tête ; il n'y avait personne dans la rue ; mais, ayant levé les yeux, il aperçut la lanterne, qui avait pris figure humaine et semblait le regarder d'un air de pitié.

Ayant levé les yeux, il aperçut la lanterne...

Barnabé se leva tout à coup.

« Oui, continua le réverbère, je suis bien plus malheureux que vous, et moi, au moins, ce n'est pas ma faute. Voyez, je suis vieux, ridé, toujours exposé à la pluie et au vent ; pour nourriture, je n'ai qu'une affreuse huile rance qui me fait mal au cœur ; je vis seul, n'ayant pas d'autre ami que l'allumeur, que je ne vois qu'une fois par jour, et qui me soigne si mal que j'en rougis ! »

En effet, au lieu d'une flamme blanche et claire, le réverbère ne montrait qu'un petit lumignon rougeâtre qui grésillait au sommet d'une mèche charbonneuse.

« Alors, vous n'êtes pas content de votre sort, vous non plus ? répondit Barnabé.

— Oh ! non ! mon ambition aurait été d'être lampe ; j'aurais eu un bel habit de porcelaine peinte, un beau verre bien luisant et un globe en cristal taillé ; j'aurais consommé une bonne huile bien claire et j'aurais brillé dans le monde, écoutant les conversations les plus intéressantes, tandis que je n'entends dans cette rue que des chants d'ivrogne et les cris des passants qu'attaquent les malfaiteurs ! Je suis bien malheureux !

— Au fait, se dit Barnabé, il a raison. J'ai tort de me plaindre ! Mais je suis très étonné de voir que les réverbères parlent comme nous. Il est vrai que je ne leur ai jamais adressé la parole ; c'est peut-être pour cela qu'ils ne m'ont pas répondu. »

En raisonnant de la sorte, il avait continué son chemin et était arrivé sur une grande place où se dressait une superbe statue en bronze. C'était celle d'un grand général qui avait gagné beaucoup de batailles.

« En voilà un qui est heureux ! dit Barnabé en contemplant la statue.

— Tu trouves, mon petit ami, répondit la statue ; je t'assure cependant qu'il n'y a personne sur terre plus malheureux que moi.

— Ah ! par exemple, voilà qui est fort !

— Oui, mon petit ami, je t'en fais juge. Quand j'étais vivant, j'ai commencé par beaucoup travailler pour acquérir de la renommée ;

je ne me suis donné aucun plaisir, espérant qu'une fois célèbre je

« En voilà un qui est heureux ! »

pourrais me reposer. Il n'en fut rien. Dans mon siècle on se battait toujours, et je ne pus jamais déposer mon épée. Je fus souvent victo-

13

rieux, mais je reçus beaucoup de blessures, qui me firent souffrir
cruellement. Si ma vanité fut satisfaite, mon corps, en revanche, fut
très malmené. Je souffris la faim, le froid ; la fièvre me mina, les
veilles brûlèrent mon sang, les coups d'épée déchirèrent mon corps,
enfin je mourus et je me crus délivré. Tout d'abord, j'eus la satisfac-
tion de voir que j'étais regretté. On fit des discours sur ma tombe, et
on m'éleva cette statue.

— Eh bien ! vous n'êtes pas content ?

— Non ! Il y a bien longtemps de cela ! oh ! bien longtemps ! Aujourd'hui je suis oublié ; la rouille, sur mon socle, a rongé mon nom ;
on ne me nettoie plus ; les oiseaux qui se reposent sur moi me man-
quent de respect ; j'ai perdu deux doigts et un quartier de botte ;
c'est pendant une agitation populaire que ce malheur m'est arrivé ; on
n'a pas même songé à me raccommoder ; je m'ennuie en regardant à
mes pieds le siècle actuel qui s'agite autour de moi et ne me connaît
plus. — L'oubli ! ah ! mieux que la rouille, que la mousse, que la
pluie, l'oubli me ronge ; je sens qu'un jour on me prendra sur mon
socle et l'on me fourrera dans le coin de quelque musée, où, là ce sera
tout à fait fini, je rentrerai dans le néant.

— C'est qu'aussi vous en demandez trop ; on ne peut pas toujours
penser à vous.

— Tout est relatif, mon enfant. »

Barnabé, peu convaincu, s'éloigna après avoir salué le général,
et, fatigué par sa promenade nocturne, alla se coucher sous l'au-
vent d'une vieille boutique, où il ne tarda pas à s'endormir profon-
dément.

III

LA RÉVOLTE DES ANIMAUX

Quand Barnabé se réveilla, il faisait grand jour. Il se frotta les yeux, et fut très étonné de se trouver ainsi en pleine rue, avec son panier et son petit paquet. Peu à peu la mémoire lui revint, et avec elle la conscience de sa position. Qu'allait-il faire ? Quel parti allait-il prendre ? En même temps il avait un ressouvenir de ses conversations de la nuit avec le réverbère et la statue, et cela lui troublait étrangement le cerveau.

« J'ai rêvé sans doute, » pensa-t-il.

Une crampe d'estomac l'avertit aussitôt que l'heure du déjeuner était arrivée. Mais avec quoi déjeuner? Il n'avait pas d'argent, il ne connaissait personne, et il n'osait pas rentrer chez le père Locamus.

Cependant, en se fouillant, il retrouva deux ou trois bonbons qui trompèrent sa faim. Mais la mélancolie le reprit; il se trouva plus que jamais le plus malheureux des hommes.

A ce moment, le lapin sortit la tête du panier et s'écria :

« Je te conseille de te plaindre ! C'est toi qui est la cause de ton malheur et du nôtre ; car, moi aussi, je meurs de faim ! Si, au lieu de nous aimer d'une façon aussi égoïste, tu nous avais donné la liberté, nous serions heureux, et toi aussi. »

Les poules passèrent la tête à leur tour et parlèrent toutes deux ensemble :

« Oui, c'est ta faute ! Est-ce qu'on élève des poules dans une man-

sarde? Nous n'avions ni l'air ni l'espace nécessaires à notre santé ;
tu nous nourrissais mal, avec de mauvaises graines sèches ! Nous
n'avons jamais été si malheureuses.

— Et nous donc ! s'écrièrent les cochons d'Inde en grimpant sur le

Le lapin prit sa course aussitôt.

dos des poules, nous aurions voulu une petite basse-cour bien propre,
bien claire !

— De l'eau ! de l'eau ! de l'eau ! croassa la grenouille.

— De la salade ! » gémit la tortue d'une voix défaillante.

Et tous ensemble :

« Que nous sommes malheureux ! »

Furieux de ces plaintes, qu'il trouvait injustes, Barnabé bouscula le
panier qui contenait ses animaux. Le lapin prit sa course aussitôt,

les petits cochons d'Inde le suivirent comme ils purent; pendant que le jeune homme courait après, les poules se sauvèrent d'un autre côté, la grenouille sauta dans le ruisseau et se dissimula entre deux pierres, et la tortue se laissa tomber dans une cave.

Barnabé était désolé. De grosses larmes remplirent ses yeux et inondèrent son visage; il prit tristement son panier et se remit à marcher en gémissant et en répétant sans cesse :

« Mon Dieu! que je suis malheureux ! »

IV

LE CHEVAL ET LE PERROQUET

A force de répéter son refrain monotone : « Que je suis malheureux ! » Barnabé finit par l'être réellement. Il se complut même dans sa douleur. Il se trouvait opprimé, et par conséquent intéressant ; ses nerfs, surexcités par le jeûne, l'avaient mis dans un état d'exaltation inconsciente qui frisait la folie.

Il interpella un cheval de labour, qui digérait son avoine dans les brancards d'une charrette de maraîcher.

« Es-tu aussi malheureux que moi ?

— Pauvre enfant ! répondit le cheval, tu commences la vie et tu te plains déjà ! Que dirais-tu donc si tu étais à ma place ! Sais-tu la vie monotone que je mène ? Du matin au soir, le mors dans les dents, les yeux implacablement cernés d'œillères, je traîne une charrue dans une terre molle qui me fatigue plus les jarrets qu'un terrain sec ; je n'ai pas une minute de liberté ; je ne puis ni penser ni agir. Je ne suis qu'une force, qu'un moteur. Rossé de coups quand je ne marche pas, criblé d'injures quand je vais trop vite, je ne suis estimé que pour ma vigueur. Ma bonté ne compte pas. On me nourrit, c'est vrai, mais ce n'est pas dans mon intérêt : c'est dans celui de mon maître, et cela est si vrai, qu'avec l'âge ma force diminuant, on diminue aussi mon avoine... Hier, j'étais un capital ; demain, je serai une non-valeur... Ah ! je ne suis pas heureux ! »

Barnabé écouta le cheval et pensa qu'il exagérait.

« Au bout du compte, se disait-il, cette rosse-là ne pense pas qu'on va la faire courir dans les courses où qu'on va l'atteler à des voitures de maître ! Il ne se voit pas comme il est. Tandis que moi...

— Joli coco ! » glapit une voix criarde derrière lui.

Barnabé se retourna et aperçut un perroquet rouge et vert, debout sur un perchoir orné à droite et à gauche de mangeoires surabondamment garnies.

« Et toi aussi, tu vas te plaindre ? s'écria-t-il.

— Sans doute ! répondit le perroquet. Et comme j'ai de la voix, je vais me plaindre plus haut que les autres. Parbleu ! sans doute, je mange ; mais est-ce suffisant dans la vie ? Il faut encore manger ce que l'on aime. Sans doute, on a du soin pour moi, car j'ai coûté très cher ; on me flatte, mais on me demande, en revanche, de faire des façons, de dresser mes plumes, d'ouvrir mon bec et de me dandiner d'une patte sur l'autre. On m'apprend une langue que je ne connais pas ; j'ai beau parler, car j'ai de la mémoire, je ne sais pas ce que je dis ! Quant à la liberté, je n'en ai que jusqu'au bout de ma chaîne, qui n'est pas bien longue. Ah ! j'aimerais bien mieux ma belle forêt d'Amérique, pleine de pièges et de dangers, où je dormais à la belle étoile au bout d'une branche de latanier, exposé aux attaques des serpents, aux orages imprévus de ces climats, mais libre ! libre ! As-tu déjeuné, coco ?

— Pourquoi me dis-tu cela en terminant ? dit Barnabé.

— Je ne sais pas ce que j'ai dit, j'ai voulu parler ta langue par sympathie.

— C'est un imbécile ! pensa Barnabé. Il ne lui manque rien et il se plaint. Moi qui ai la liberté, je manque de tout... Ah ! je suis bien malheureux ! »

V

Barnabé s'était assis sur une borne et pleurait de tout son cœur. Un paysan l'aborda :

« Qu'avez-vous, mon petit ami?

— Je n'ai plus de place, et je n'ai pas mangé; je suis bien malheureux.

— Vous êtes peut-être paresseux?

— Non! j'aime à faire ce qu'il me plaît; c'est bien naturel!

— Oui; mais croyez-vous que, sur terre, chacun fasse ce qu'il lui plaît? Les plus riches ne le peuvent même pas. — Ah! mon pauvre garçon, si vous vous découragez déjà, quelle existence allez-vous mener!

— Personne n'est plus malheureux que moi!

— Attendez donc de connaître la vie avant de la juger. Tenez, moi qui vous parle, j'ai eu une femme que j'aimais beaucoup; je l'ai perdue. J'ai eu des enfants qui faisaient mes délices : ils ne sont plus. J'ai eu une ferme pleine de bestiaux qui faisaient ma richesse : la maladie les a décimés; des terres en plein rapport, ravagées par les inondations; des fonds placés chez des banquiers et des notaires, qui les ont dilapidés! C'est moi qui devrais me plaindre et me dire malheureux! Mais non, je ne m'assieds pas sur une borne, je ne pleure pas; je prends mon courage à deux mains et je recommence. Prenez exemple sur moi.

— Recommencer, murmura Barnabé! mais si je vais retrouver
maître Locamus, il me fera affront!... Ma dignité s'y oppose. Il est
vrai que, maintenant que mes animaux m'ont abandonné, il n'aura

Un paysan l'aborda : « Qu'avez-vous, mon petit ami? »

pas ce prétexte pour me mal recevoir ; mais enfin j'ai de l'amour-
propre!...

— Vous avez de l'amour-propre! dit un charbonnier dont la boutique était voisine ; mais votre culotte est joliment sale! J'ai entendu
votre conversation de tout à l'heure ; croyez-moi, mon petit ami, ne
vous plaignez pas ; vous avez devant vous la jeunesse, la santé et
l'avenir : c'est la fortune, cela! »

Barnabé s'éloigna en grommelant :

« C'est drôle! Je n'ai pas de domicile, pas de nourriture, pas de but, je me sens seul, isolé, sans protecteur, sans rien... et personne ne veut convenir que je suis l'être le plus malheureux de la terre. Tous veulent être plus malheureux que moi. Au fond, c'est peut-être vrai! Voyons, un peu de courage! allons trouver le père Locamus! »

Le père Locamus, en chassant son premier et unique commis, avait agi sous le coup d'une violente colère; il n'avait pas réfléchi que ce modeste auxiliaire qui avait nom Barnabé, gourmand, maladroit et aimant trop les bêtes, il est vrai, n'en était pas moins une des colonnes indispensables de sa pharmacie. Barnabé savait piler les drogues comme personne; nul mieux que lui ne s'y entendait pour rouler une douzaine de pilules en une minute. Il savait la place de tous les bocaux et possédait son formulaire comme s'il avait passé ses examens.

Aussi le père Locamus fut-il très embarrassé dès le soir même, quand on lui apporta quatre ou cinq ordonnances très compliquées, qui nécessitaient des triturations et des mélanges.

Le lendemain, ce fut bien pis; une fièvre maligne s'était déclarée dans ce quartier malsain, et les clients ne cessaient de venir; le père Locamus était sur les dents.

Or, vers quatre heures de l'après-midi, comme il venait de livrer dans sa boutique dix petits paquets de rhubarbe et une potion de bromure de potassium, il entendit un léger bruit dans son officine.

« Je suis seul, pensa le père Locamus, qui peut bien être là? »

Il entr'ouvrit la porte.

« Barnabé! c'est toi, Barnabé! Viens, mon fils! viens! Tout est oublié; rentre chez moi!

— Je n'ai plus mes animaux, Monsieur Locamus!

— Tant mieux, mon fils! je double tes gages! Tu ne gagnais rien que ta nourriture : je te donnerai le dessert, le café, les liqueurs!. Reste avec moi.

— Oui, Monsieur Locamus !

— Je te payerai un habit neuf !

— Oui, Monsieur Locamus ! ah ! que je suis heureux !

— Allons ! vite, Barnabé ! à l'ouvrage ! J'ai à livrer encore une

« Barnabé ! c'est toi, Barnabé ! Viens, mon fils ! »

douzaine d'ordonnances ! Pilons, broyons, concassons, délayons, mélangeons, distillons ! Courage, mon fils, tu en seras récompensé !

— Oh ! se dit Barnabé, j'ai bien fait de revenir ! — Dites donc, patron, qu'est-ce que c'était que ces bonbons qui séchaient hier dans l'étuve ?

— Tu en as mangé ?

— Hélas! oui.

— Et tu as éprouvé...?

— Oh! une tristesse infinie! et il m'est arrivé de bien singulières aventures : j'ai causé avec des lanternes, des statues, avec mes animaux, avec un cheval, un perroquet, que sais-je?

— Bravo! l'expérience que je voulais faire sur moi, tu l'as faite. Mes bonbons au *haschisch*[1] sont réussis! Je suis enchanté!

— Comment, ces bonbons qui m'ont rendu si malheureux...?

— Feront le bonheur des autres! Car, vois-tu, Barnabé, ce qui déplaît à celui-ci peut plaire à celui-là. Le bonheur n'est pas absolu, il est relatif.

---

1. Le *haschisch* est une espèce de chanvre indien qui procure une ivresse spéciale. Son effet habituel est de développer à un haut degré les idées qui existaient au moment de son administration.

FIN DES BONBONS DU PÈRE LOCAMUS

TABLE DES MATIÈRES

SOCIÉTÉ ANONYME D'IMPRIMERIE DE VILLEFRANCHE-DE-ROUERGUE
Jules Bardoux, Directeur.

A LA MÊME LIBRAIRIE

Imp. de la Soc. de Typ.—NOIZETTE, 8, r. Campagne-1re, Paris.

www.ingramcontent.com/pod-product-compliance
Lightning Source LLC
Chambersburg PA
CBHW070617100426
42744CB00006B/517